Kring

Peter Ulrich
Der entzauberte Markt

Peter Ulrich

Der entzauberte Markt

Eine wirtschaftsethische Orientierung

FREIBURG · BASEL · WIEN

Gedruckt auf umweltfreundlichem,
chlorfrei gebleichtem Papier

Alle Rechte vorbehalten – Printed in Germany
© Verlag Herder Freiburg im Breisgau 2002
www.herder.de
Layout & Satz: DTP-Studio Helmut Quilitz, Denzlingen
Druck und Bindung: fgb · freiburger graphische betriebe 2002
www.fgb.de
ISBN 3-451-27935-5

INHALT

Einleitung 9

I. LEITIDEEN MODERNEN WIRTSCHAFTENS   17

1. Effizienz wofür und für wen? Die ethischen Dimensionen
vernünftigen Wirtschaftens 19
   1.1 „Der Anteil der Wirtschaft an der Menschwerdung
   des Affen" 20
   1.2 Die Verheißungen der Effizienz – und erste Zweifel
   am vernünftigen Gehalt des ökonomischen Rationalisierungsprozesses 22
   1.3 Die grundlegenden Gesichtspunkte vernünftigen
   Wirtschaftens 27
   1.4 Zur Kritik der „wertfreien" ökonomischen Sachlogik
   und ihrer normativen Überhöhung zum Ökonomismus   33
   1.5 Die sozialökonomische Rationalitätsidee als „ideelle
   Spitze" einer Vernunftethik des Wirtschaftens ... 41

2. Fortschritt wohin? Moderne Verheißungen und epochale
Sinnfragen 45
   2.1 „Das unvollendete Projekt der Moderne"
   (Jürgen Habermas) 45

2.2 „Der Geist des Kapitalismus" (Max Weber) und
„die große Transformation" (Karl Polanyi) 51
2.3 „Die falsche Verheißung" (John Gray) 60
2.4 „Die ökonomischen Chancen unserer Enkelkinder"
– Der Traum von John Maynard Keynes 64
2.5 „Das stahlharte Gehäuse des siegreichen Kapitalismus"
– Die Befürchtung Max Webers 69

3. Marktfreiheit oder Bürgerfreiheit? Die Freiheit, die wir
meinen... 72
3.1 Das liberale Prinzip 73
3.2 Ökonomischer Liberalismus oder: Der alte hobbesianische Traum 79
3.3 Republikanischer Liberalismus oder: Das Leitbild
einer voll entfalteten Bürgergesellschaft 84
3.4 Sozioökonomische Voraussetzungen lebbarer
Bürgerfreiheit oder: Grundlagen einer „anständigen"
Gesellschaft 88
3.5 Wirtschaftsethische Konsequenz: Wirtschaftsbürgerrechte 94

Inhalt

II. ORTE WIRTSCHAFTSETHISCHER VERANTWORTUNG ... 99

4. Wirtschaftsbürgerethik: Was heißt ein „guter Bürger" sein? ... 101
   - 4.1 Zum Begriff des Wirtschaftsbürgers ... 102
   - 4.2 „Rückenstützen" der Bürgerverantwortung ... 107
   - 4.3 Der Wirtschaftsbürger als kritischer Konsument und Kapitalanleger ... 113
   - 4.4 Der Wirtschaftsbürger als „Organisationsbürger" ... 117
   - 4.5 Der Wirtschaftsbürger als mitverantwortlicher Staatsbürger ... 124

5. Unternehmensethik: Wie wird ein Unternehmen zum „Good Corporate Citizen"? ... 128
   - 5.1 Corporate Citizenship – das „glänzende" neue Selbstbekenntnis der Unternehmen ... 129
   - 5.2 Unternehmensethik und „Gewinnprinzip" – ein Stück nachholende Aufklärung ... 140
   - 5.3 Zwei Varianten halbierter Unternehmensethik – als Versuche der partiellen Rettung des „Gewinnprinzips" ... 146
   - 5.4 Integrative Unternehmensethik: Das Unternehmen als „guter Bürger" ... 151
   - 5.5 Organisierte Verantwortlichkeit im Unternehmen: Bausteine des betrieblichen Integritätsmanagements ... 155

6. Weltwirtschaftsethik: Wettbewerb der Rahmenordnungen oder Rahmenordnung des globalen Wettbewerbs? ... 158
   - 6.1 Globalisierung im Glaubenskrieg ... 159

6.2 Wie „funktioniert" die Globalisierung? Der strafende
Finanzmarktgott 162
6.3 Drei ordnungspolitische Konzepte „guter" Marktwirtschaft 167
6.4 Der vitalpolitische Grundsatz einer vernünftigen
Globalisierungspolitik 177
6.5 Der Wirtschaftsbürger als Weltbürger – kurzer Ausblick auf einen langen Weg in die Zukunft 181

Anmerkungen 185
Literatur 211

Einleitung

Seit Jahrtausenden ist der Mensch aufgrund seiner sich kulturgeschichtlich vielfältig entwickelnden Bedürfnisse und Begabungen ein *wirtschaftendes* Lebewesen, das mit knappen „Lebensmitteln" (im weitesten Sinn des Begriffs) vernünftig umzugehen versucht. Aber als Kulturwesen ist er mehr als nur ein *Homo oeconomicus:* Wirtschaften ist ja nicht Selbstzweck, sondern Mittel zum Zweck des guten Lebens. Was wirtschaftlich vernünftig ist, lässt sich daher nicht rein aus der Logik der (Markt-)Wirtschaft bestimmen, sondern setzt lebenspraktische Orientierungsgesichtspunkte voraus: einen kulturellen Lebensentwurf und ein Leitbild der Gesellschaft, in der wir leben möchten.

Worauf kommt es für ein lebenspraktisch vernünftiges Wirtschaften konkret an? Die herkömmliche Antwort kennen wir: Die moderne Industriegesellschaft hat fast ihre ganzen Energien darauf konzentriert, die Produktion immer weiter zu „rationalisieren", um die verfügbare Gütermenge und mit ihr den Konsumwohlstand zu steigern. Produktivitätssteigerung und Wirtschaftswachstum gelten dementsprechend als die grundlegenden Kriterien einer „vernünftigen" Wirtschaftspolitik, *mehr Markt und mehr Wettbewerb* als ihr Generalrezept. Seit mehr als 200 Jahren ist dies der programmatische Kern des Wirtschaftsliberalismus. Wenn auch politisch seit Anbeginn hart umkämpft, setzte und setzt er in immer mehr Ländern schubweise die fortschreitende Entfesselung („Liberalisierung") der Marktkräfte aus gesellschaftlicher und politischer Kontrolle durch.

Einleitung

Im Zeichen der Globalisierung der Märkte erleben wir seit etwa 20 Jahren gerade wieder so einen Schub. Die treibende Kraft stellen dabei in erster Linie mächtige Kapitalverwertungsinteressen auf der Suche nach neuen Märkten und kostengünstigeren Produktionsstandorten dar. In modernen, freiheitlich-demokratischen Gesellschaften bedarf die Dominanz solcher Interessen allerdings der Rechtfertigung vor den Bürgern. Der Wirtschaftsliberalismus hat sich zu diesem Zweck immer schon zweier sich ergänzender Argumente bedient. Zunächst und vor allem verheißt er den arbeitenden Bürgern „Wohlstand für alle" – so lautet auch der Titel eines Buchs von Ludwig Erhard, dem Vater des deutschen „Wirtschaftswunders" der Nachkriegszeit.[1] Das „Wunder" einer marktwirtschaftlichen Dynamik, die allen Gesellschaftsmitgliedern konkrete Verbesserungen ihrer Lebenslagen bringt, verblasst inzwischen allerdings zusehends und weicht einer neuen Verschärfung der sozialen Gegensätze zwischen Gewinnern und Verlierern des Wettbewerbs, zwischen Reich und Arm.

Immer wenn die frohe Botschaft von der automatischen Gemeinwohldienlichkeit der „freien" privatwirtschaftlichen Kapitalverwertung ihre mehrheitsfähige Überzeugungskraft zu verlieren drohte, hat die wirtschaftsliberale Doktrin – und dies ist die zweite Argumentationsstrategie – nachdrücklich auf die *Sachzwänge* des marktwirtschaftlichen Wettbewerbs verwiesen. Derzeit bietet sich jenen, die an der weiteren Entfesselung der Marktkräfte interessiert sind, der Verweis auf den internationalen „Standortwettbewerb" als fast schon universal brauchbares Sachzwangargument an. So beeilt man sich zu betonen, dass die Globalisierung eine Tatsache sei, deren lebenspraktische Konsequenzen wir *vernünftigerweise* etwa so bedingungslos wie das sich verändernde Wetter hinzunehmen hätten.

Aber ist das wirklich vernünftig? Im vorliegenden Buch wird eine andere Perspektive entfaltet: Weder die landläufigen Sachzwangargumente, die uns eine von niemandem kontrollierbare, offenbar ganz „eigensinnige" Wirtschaftsentwicklung weismachen wollen, noch das blinde Vertrauen in den „freien" Markt, der angeblich von selbst dafür sorgt, dass es allen gut geht, sind vernünftig. Vielmehr handelt es sich um Ausprägungen einer alten Metaphysik des Marktes, die es in einer modernen Gesellschaft dringend zu *entzaubern* gilt. Die „Entzauberung der Welt"[2], als die Max Weber den Prozess der Modernisierung und Rationalisierung von Kultur und Gesellschaft bezeichnete, hat nämlich im Bereich unseres Wirtschaftsdenkens erst richtig begonnen. *Der entzauberte Markt* ist noch weitgehend ein Programm nachholender Aufklärung, auch wenn die wunderbare Lehre von den segensreichen Wirkungen der „unsichtbaren Hand" des Marktes (hinter der sich durchaus der Glaube an die Hand Gottes vermuten lässt) inzwischen viel von ihrem Glanz verloren hat.[3]

Um ein mögliches Missverständnis zu vermeiden: Damit ist nichts gegen eine produktive Markt*wirtschaft* gesagt, wohl aber gegen ihre Übersteigerung zu einer totalen Markt*gesellschaft*, die alles, unser ganzes Leben und auch die Politik, der „Sachlogik" des Marktes unterwirft. Vernünftigerweise ist gerade umgekehrt die Marktwirtschaft in übergeordnete Gesichtspunkte des guten Lebens und gerechten Zusammenlebens freier und gleicher Bürger *einzubinden*. In einer wirklich modernen Gesellschaft verdient die allgemeine Bürgerfreiheit Vorrang vor dem „freien" Markt (politischer Liberalismus statt purem Wirtschaftsliberalismus).

So befremdlich es dem vorherrschenden wirtschaftlichen Sachzwangdenken erscheinen mag – die grundlegende Frage auf der Suche nach der verlorenen ökonomischen Vernunft lautet: *Welche Wirt-*

Einleitung

schaft wollen wir? Wie wollen *wir,* die Bürgerinnen und Bürger einer freiheitlich-demokratischen Gesellschaft, unser „Wirtschaftsleben" gesellschaftlich und privat gestalten? Welches Gewicht messen wir der fortwährenden Steigerung des Konsumniveaus in unserem Entwurf eines guten Lebens zu? Wie weit sind wir bereit, dafür im Arbeitsleben den Preis eines stetig steigenden Leistungsdrucks zu zahlen? Wie wollen wir mit jenen umgehen, die diesem Druck nicht standhalten? Welches Maß an sozialer Gerechtigkeit und Solidarität gehört zur Gesellschaft, in der wir leben möchten? Und wie halten wir es mit der Verantwortbarkeit unseres wirtschaftenden Umgangs mit der Natur, besonders auch gegenüber den nachkommenden Generationen?

Es wird Zeit, die Anstrengung unserer ökonomischen Vernunft nicht mehr nur einseitig auf die Vermehrung der Mittel, sondern vermehrt auf sinnvolle Zweckorientierungen und legitime Grundsätze der weiteren Wirtschaftsentwicklung zu lenken. Mit anderen Worten: Es geht um eine tief greifende *Neuorientierung in unserem Wirtschaftsdenken,* wenn wir als mitverantwortliche Bürgerinnen und Bürger einer demokratischen Gesellschaft auf die angedeuteten Herausforderungen der Wirtschaftswelt tragfähige Antworten finden wollen.

Was aber heißt „sich im Denken orientieren"? Diese berühmte Frage stammt von Immanuel Kant.[4] Mit ihr hat er den Begriff der *Orientierung* in die moderne praktische Philosophie eingeführt – als Inbegriff vernunftgeleiteter Gedanken- und Lebensführung. Der Mensch als das von Natur aus nicht festgelegte, zum *Entscheiden und Handeln nach Gründen* fähige Wesen steht häufig in der Situation, zwischen verschiedenen Handlungsoptionen wählen zu können und zu müssen. Es gilt dann je nach der anstehenden Herausforderung mehr oder weniger „gründlich" nachzudenken über Fragen der folgenden Art: Wer will ich als Person eigentlich sein (Selbstverständnis) und wem fühle ich mich verbunden (zwischenmenschliche Beziehungen)? Wo stehe ich (Standpunkt) und wo will ich hin (Intention)? Woran halte ich mich (Prinzipien) und wie möchte ich mein Leben als Ganzes führen (Lebensentwurf), sodass es mich persönlich erfüllt und gesellschaftlich vertretbar ist?

Dies sind im Kern ethische Fragen. Der Versuch, sich im Wirtschaftsdenken vernünftig zu orientieren, ist also von Grund auf ein Vorhaben *wirtschaftsethischer Orientierung*. Nicht die Wirtschaftstheorie, die nach ihrem Selbstverständnis werturteilsfrei die Funktionsweise des marktwirtschaftlichen Systems erklärt, sondern die Wirtschaftsethik – modern als Vernunftethik des Wirtschaftens verstanden – dient somit als zentrale Bezugswissenschaft. Das hier vertretene Orientierungskonzept basiert dabei auf dem vom Verfasser entwickelten Ansatz der „integrativen Wirtschaftsethik"[5].

Wer braucht wirtschaftsethisches Orientierungswissen? Ist das nicht eher etwas für Spezialisten? – Nein, keineswegs! Wir alle sind in der einen oder anderen Weise in marktwirtschaftliche Zusammenhänge verstrickt. So sind wir als vernünftige Personen darauf angewiesen, begründbare Werturteile über die Rangordnung konfligierender Wertgesichtspunkte im Wirtschaftsleben zu treffen, unsere diesbezügliche Urteilskraft zu stärken und uns gegen ideologische Wirtschaftsdoktrinen jeglicher Herkunft „mündig" (d.h. argumentationsfähig) zu machen. Wie sonst könnten wir ein selbstbestimmtes und kultiviertes Leben führen? Und wie sonst könnten wir als Bürgerinnen und Bürger an der demokratischen Bestimmung fairer gesellschaftlicher Spielregeln sowie an der angemessenen Einbettung der Marktwirtschaft in die Gesellschaft verantwortungsvoll mitwirken?

Im Zentrum eines wirtschaftsethischen Orientierungsversuchs steht unser Denken und Handeln als verantwortliche *Wirtschaftsbürger*.

Wirtschaftsbürger sind Wirtschaftssubjekte, die ihren Geschäftssinn vom *Bürgersinn*, d.h. von ihrem Selbstverständnis als „gute Bürger", nicht abspalten, sondern beides integrieren wollen. Die wirtschaftsethische Orientierungsaufgabe bezieht sich auf sämtliche Rollen, die wir in unserem persönlichen Wirtschaftsleben – in der Arbeitswelt, im Umgang mit Geld und Konsum – ausüben, aber auch auf die gedanklichen Positionen, die wir als Staatsbürger in öffentlichen Debatten über wirtschafts- und gesellschaftspolitische Fragen einnehmen. Die unerhörte Wirtschaftsdynamik der Gegenwart fordert dabei unser wirtschaftsethisches Orientierungsvermögen ganz schön heraus. In Frage gestellt ist heute im Zeichen des gewaltigen sozioökonomischen Umbruchs, in dem die Welt sich befindet, so gut wie alles.

Wir wählen für unseren breit angelegten Orientierungsversuch sechs sich systematisch ergänzende, je gleich gewichtete Perspektiven: In *Teil I* des Buches denken wir zunächst über drei grundlegende Leitideen modernen Wirtschaftens nach, und zwar anhand der Begriffe wirtschaftlicher Vernunft (Kapitel 1), sinnvollen Fortschritts (Kapitel 2) und wohlverstandener Freiheit (Kapitel 3). In *Teil II* nehmen wir danach drei spezifische „Orte" wirtschaftsethischer Verantwortung in einer wohlgeordneten Gesellschaft freier und gleicher Bürger in den Blick, nämlich das Handeln der einzelnen Wirtschaftsbürger selbst (Kapitel 4), die Unternehmen (Kapitel 5) und die politisch zu setzende Rahmenordnung des nationalen bzw. globalen Marktes (Kapitel 6). Zusammen vermitteln diese sechs Perspektiven die Grundzüge einer zeitgemäßen wirtschaftsbürgerlichen Allgemeinbildung. Man könnte von einer Wirtschaftskunde für Staatsbürgerinnen und -bürger sprechen, oder kürzer: von einer *Wirtschaftsbürgerkunde*.[6]

Den Entstehungszusammenhang dieser kleinen Wirtschaftsbürgerkunde bildet eine sechsteilige öffentliche Vorlesung, die ich im

Sommersemester 2001 an der Universität St. Gallen gehalten habe. Die hartnäckige Nachfrage der Zuhörerinnen und Zuhörer nach einer schriftlichen Ausarbeitung hat mich ermutigt, das Vorhaben anzupacken. Für wertvolle Anregungen zur Erstfassung des Manuskripts sowie für seine redaktionelle Unterstützung danke ich Bernhard Waxenberger, meinem langjährigen wissenschaftlichen Mitarbeiter im Institut für Wirtschaftsethik.

St. Gallen, im März 2002   P. U.

I. Leitideen modernen Wirtschaftens

Wirtschaften heißt Werte schaffen – aber welche Werte für wen eigentlich? Mit solchen grundlegenden Wertfragen befassen sich die heute gelehrten Wirtschaftswissenschaften kaum mehr, ganz im Unterschied zur klassischen Politischen Ökonomie, wie sie der Moralphilosoph Adam Smith begründet hat. In ihrer Ausdünnung zu Disziplinen, die sich nur noch an *einem* Wertgesichtspunkt, dem der effizienten Nutzung knapper Ressourcen (wie Kapital, Arbeit, Wissen), orientieren, spiegelt sich, was seit etwa 200 Jahren im Zeichen der Modernisierung und „Rationalisierung" der Wirtschaft tatsächlich vor sich geht, nämlich die Entfesselung („Liberalisierung") und Entgrenzung („Globalisierung") eines fast nur noch seiner eigenen Logik folgenden Wirtschaftssystems. Heute stellen sich daher zunehmend Fragen nach der Lebensdienlichkeit dieser eindimensionalen Wirtschaftsdynamik. Ihre Neuorientierung an übergeordneten Gesichtspunkten des guten Lebens und gerechten Zusammenlebens der Menschen tut Not.

Drei große Ideen sind es, unter denen die moderne Gesellschaft sich selbst versteht und nach deren Maßgabe daher auch eine ihr dienliche Wirtschaft zu bestimmen ist: *Vernunft*, *Fortschritt* und *Freiheit*. Im ersten Teil dieser Wirtschaftsbürgerkunde geht es darum, die Bedeutung dieser drei modernen Leitideen für das „Wirtschaftsleben" zu erfassen und sich die Gefahren ihrer ökonomischen Verkürzung zu vergegenwärtigen: der Verkürzung von lebenspraktischer Vernunft auf Effizienz als Inbegriff ökonomischer Rationalität (Kapitel 1), von Fortschritt auf Wirtschaftswachstum (Kapitel 2) und von Bürgerfreiheit auf Marktfreiheit (Kapitel 3).

I. Effizienz wofür und für wen?
Die ethischen Dimensionen vernünftigen Wirtschaftens

Mit knappen Mitteln den größtmöglichen Nutzen zu erzielen oder umgekehrt einen definierten Zweck mit geringstmöglichem Mitteleinsatz zu erreichen, heißt verfügbare Ressourcen *effizient* einzusetzen. Dies ist der Inbegriff wirtschaftlicher „Rationalität". Mit knappen Gütern oder Ressourcen „rational" (also nutzenmaximierend) zu wirtschaften, ist in einer Welt natürlicher und sozialer Knappheit gewiss ein gutes Prinzip – das *ökonomische Prinzip*. Ohne dieses ist „Wohlstand", wie er für eine moderne Lebensform gemeinhin vorausgesetzt oder erwartet wird, nicht zu haben. Aber nicht alles, was ökonomisch als rational gilt, ist deswegen auch schon vernünftig! *Vernünftig* zu sein und zu handeln, das bezeichnet den viel umfassenderen Anspruch einer *lebenspraktischen Ganzheitlichkeit des Orientierungshorizonts*. Von da aus ergibt sich ein anspruchsvoller Begriff vernünftigen Wirtschaftens, der dieses in den Kontext konkreter Fragen des guten Lebens und Zusammenlebens der Menschen stellt. Die so verstandene ökonomische Vernunft ist für unsere individuelle und gesellschaftliche Lebensqualität zu wichtig, als dass wir es den „reinen" Ökonomen überlassen könnten zu bestimmen, was in ihrem Namen Sache ist. Vielmehr ist es *unsere Sache*, als Bürgerinnen und Bürger einer modernen Gesellschaft darüber zu befinden!

Wir nähern uns dem Verhältnis von Wirtschaften und humaner Vernunft zunächst kurz in kulturanthropologischer Perspektive an (I.1) und vergegenwärtigen uns einige aktuelle Symptome der vorherrschenden einseitigen Interpretation dieses Verhältnisses (I.2). Erst dann fragen wir nach den elementaren normativen Gesichts-

I. Leitideen modernen Wirtschaftens

punkten vernünftigen Wirtschaftens (I.3). In ihrem Lichte wagen wir eine Kritik der „reinen" ökonomischen Vernunft (I.4) und stellen ihr eine *andere* Leitidee vernünftigen Wirtschaftens, die der *sozialökonomischen Rationalität*, entgegen (I.5).

I.1 „Der Anteil der Wirtschaft an der Menschwerdung des Affen"

Der Mensch pflegt sich bekanntlich als *Homo sapiens* (genauer: *sapiens sapiens!*) zu bezeichnen, als Inbegriff eines „vernünftigen Wesens"[7] also. Nach Immanuel Kant hat dieses Wesen das „vom bloßen Begehrungsvermögen noch verschiedene Vermögen"[8], nach selbst gewählten Grundsätzen handeln zu können. Das setzt den freien Willen voraus.

Nach einer nicht minder berühmten Idee von Karl Marx fangen die Menschen an, „sich von den Tieren zu unterscheiden, sobald sie anfangen, ihre Lebensmittel zu *produzieren*. (…) Indem die Menschen ihre Lebensmittel produzieren, produzieren sie indirekt ihr materielles Leben selbst."[9] Zum vernünftigen Wesen ist der Mensch, so scheint es, als das einzige *arbeitende Tier* geworden, das *planvoll* seine Lebensmittel im weitesten Sinn – nämlich die fünf grundlegenden „-ungs": Nahrung, Kleidung, Wohnung, Bildung, Gesunderhaltung – *herstellt* und *bewirtschaftet*, da es sich um knappe Güter handelt. Mit der neolithischen (jungsteinzeitlichen) Revolution, d.h. dem Übergang der früheren Jäger und Sammler zum Garten- und Ackerbau, begann nach dieser These im Wesentlichen die höhere *sapiens-sapiens*-Kultur – als *Agricultura*.

Dieser ursprüngliche Zusammenhang zwischen Wirtschaft und Vernunft – oder frei nach Friedrich Engels: der Anteil der wirt-

I. Effizienz wofür und für wen?

schaftlichen Vernunft an der „Menschwerdung des Affen"[10] – ist inzwischen von der anthropologischen Forschung allerdings erheblich relativiert worden. Mindestens so bedeutsam für die Entwicklung der spezifisch humanen Vernunft ist, so wissen wir heute, eine andere Besonderheit des Menschen, nämlich die eines *Sprachtiers*. Gemeint ist sein unter den Tieren einmaliges Vermögen, sich mit seinesgleichen mehr oder weniger vernünftig – und das heißt hier: mit guten, für alle Gesprächspartner gleichermaßen nachvollziehbaren Gründen – zu verständigen (kommunikative Vernunft). Zwischenmenschliche Interaktion und produktive Arbeit bilden zwei gleichermaßen grundlegende Lebenszusammenhänge für die menschheitsge-

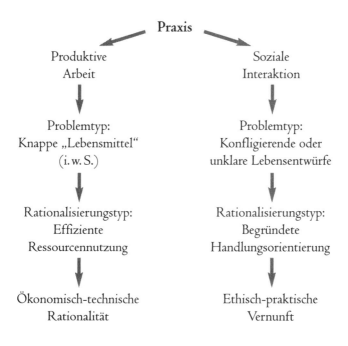

Abb. 1: Zwei Dimensionen vernünftiger Praxis

schichtliche Entwicklung des humanen Vernunftpotenzials. Dieses ist also von Grund auf zweidimensional, und das heißt: Weder lassen sich die Regeln rationaler Interaktion (Verständigung) auf die Regeln rationaler Produktion zurückführen noch umgekehrt (Abb. I).[11]

I.2 Die Verheißungen der Effizienz – und erste Zweifel am vernünftigen Gehalt des ökonomischen Rationalisierungsprozesses

Unbeirrt von jeder Einsicht in die Zwei- oder Mehrdimensionalität humaner Rationalitätsperspektiven findet sich praktisch in jedem Lehrbuch der Volks- oder Betriebswirtschaftslehre bis heute die Vorstellung, dass die ökonomische Idee vernünftigen Wirtschaftens, nämlich die aus der Erfahrungswelt produktiver Arbeit stammende Idee des *effizienten* Umgangs mit knappen Ressourcen oder Gütern, der Inbegriff von Rationalität oder Vernunft überhaupt sei. So verstandene ökonomische Rationalität hält sich mit anderen Worten schon für die *ganze* Vernunft. Dementsprechend wird das ökonomische (Rationalitäts-)Prinzip, wonach für einen definierten Output der geringstmögliche Input einzusetzen bzw. mit gegebenen Ressourcen der größtmögliche Output zu erzielen ist, meistens als „das Rationalprinzip" schlechthin bezeichnet. Gewiss ist, wie wir einleitend schon festgehalten haben, Effizienz ein durchaus wichtiger Aspekt rationalen Handelns. Problematisch ist hingegen ihre fraglose Überhöhung zum obersten Wertgesichtspunkt jedes Handelns, das die Auszeichnung als „vernünftig" verdient. Doch genau dies scheint heutzutage zum *Credo* eines „richtigen" Ökonomen zu gehören. So schreibt beispielsweise der namhafte Ökonom Carl Christian von Weizsäcker im Vorwort seines Buchs „Logik der Globalisierung" kurz und bündig ohne jede Einschränkung: „Der Ökonom *glaubt* daran, dass Effizienz erwünscht ist."[12] Soweit also beispielsweise die Globalisierung der Märkte die Effizienz der Weltwirtschaft steigert, begrüßt sie „*der* Ökonom", diese etwas besondere Spielart des *Animal rationale*, offenbar nahezu uneingeschränkt. Im Namen der ökonomischen Vernunft (oder dessen, was er dafür hält), ist er bereit, fast alle lebenspraktischen Folgen des entsprechend betriebenen *ökonomischen Rationalisierungsprozesses* „in Kauf" zu nehmen. Besonders seit Beginn der so genannten modernen Industriegesellschaft vor gut 200 Jahren gilt die Steigerung der Effizienz unseres Wirtschaftens und die damit erzielbare Wohlstandsvermehrung als das entscheidende Prinzip des menschlichen und gesellschaftlichen Fortschritts.

Die Frage ist nur: Fortschritt wohin eigentlich? Effizienz wofür und für wen konkret? In jüngster Zeit mehren sich an immer mehr Fronten die Zweifel an der lebenspraktischen *Vernünftigkeit* des entfesselten ökonomischen Rationalisierungsprozesses. Früher als andere hat diesen Zweifel Max Horkheimer, der Begründer der Kritischen Theorie, in seiner brillanten „Kritik der instrumentellen Vernunft" auf den Punkt gebracht:

> „Wie sie in unserer Zivilisation verstanden und praktiziert wird, tendiert die fortschreitende Rationalisierung dazu, eben jene Substanz der Vernunft zu vernichten, in deren Namen für den Fortschritt eingetreten wird."[13]

Oder etwas vorsichtiger formuliert: Rationalisierung ist nicht immer, was sie wörtlich verspricht, nämlich: „Vernünftigung". Illustrieren wir das an zwei praktischen Beispielen.

I. Leitideen modernen Wirtschaftens

1. Beispiel: Die „Rationalisierung" des Güterverkehrs. In einem Presseartikel unter dem Titel „Der Verkehrsinfarkt. Nichts geht mehr. Europas Verkehr bricht zusammen" stand kürzlich das folgende, ebenso anschauliche wie absurd anmutende, jedoch gar nicht untypische Exempel zu lesen:

> „Lastwagenweise werden Stoffteile in der Schweiz zugeschnitten, nach Portugal gekarrt, dort zu Unterhosen zusammengenäht und anschließend wieder in der Schweiz verkauft. Die Rechnung geht nur für den Auftraggeber auf. Er spart pro Ladung 20 000 Franken, weil die portugiesischen Näherinnen weniger verdienen als die hiesigen. Dafür hat der Lastwagen 1600 Liter Dieseltreibstoff in CO_2, giftige Abgase und Rußpartikel umgewandelt und Tausende von Menschen im Schlaf gestört. Entschädigungslos!"[14]

Die *Öko-Effizienz*[15] (ökologische Effizienz) ist mit dieser Art von wirtschaftlicher Rationalisierung offensichtlich nicht gemeint. Es ist nicht schwer zu sehen, wo da der „Vernunftstau" passiert: Die betriebswirtschaftliche „Effizienz" gerät hier zu einer Erscheinung volkswirtschaftlicher, verkehrs- und umweltpolitischer Unvernunft, weil die sozialen und ökologischen Kosten des Güterverkehrs, die sog. *externen Effekte* – was für ein symptomatischer Begriff für diese verkürzte Rationalität! –, aus dem einzelwirtschaftlichen Kosten- und-Nutzen-Kalkül ausgeblendet, also nicht in dieses *internalisiert* sind. Für dieses einzelwirtschaftliche Kalkül gilt jener ironische Begriff von (Un-)Vernunft, den einst Max Frisch in seinem bissigen Vortrag „Am Ende der Aufklärung steht das goldene Kalb" an den Solothurner Literaturtagen 1986 auf die knappstmögliche Formel gebracht hat: „Vernünftig ist, was rentiert."

2. *Beispiel: Die „Rationalisierung" der Arbeit.* Aus ökonomischer Perspektive ist Arbeit bloß Mittel zum Zweck der Gütererzeugung für den Konsum. Also geht es gemäß dem ökonomischen Rationalprinzip darum, die Arbeit so effizient wie möglich zu machen, um (am Ende der Wertschöpfungskette) den Konsumgüter-Output zu maximieren. Ausgeblendet bleibt, dass die Erwerbsarbeit für die arbeitenden Menschen über die Erzielung von Einkommen, also von Kaufkraft für den Konsum, und damit über die *materielle Existenz- und Wohlstandssicherung* hinaus auch einen vielfältigen Eigenwert haben könnte:

- als Ort der *persönlichen Fähigkeitsentfaltung* und Bewährung vor Herausforderungen, in deren Bewältigung wir Selbstachtung entwickeln und sinnvolles Tätigsein erfahren;

- und ebenso als Ort der *sozialen Integration,* wo wir die Chance erhalten, uns als ein nützliches und vollwertiges Gesellschaftsmitglied in den kollektiven Produktionsprozess einzubringen, in der beruflichen Rolle gesellschaftliche Anerkennung zu finden und soziale Beziehungen zu entwickeln.

Wird die Arbeitswelt dessen ungeachtet rein outputbezogen durchrationalisiert, so resultieren „Nebenwirkungen", welche diese humanen Grundfunktionen der Arbeit teilweise in Frage stellen: Sie verliert ihren „bereichernden" Eigenwert für die arbeitenden Menschen und wird von diesen dann auch immer mehr bloß noch als Mittel zum Zweck des Kaufkrafterwerbs empfunden, etwa nach dem Motto: „Das wahre Leben findet erst *nach* der Arbeit, am ‚Feierabend' oder in den Ferien statt". Die Glücksverheißungen, die heute einer konsumistisch definierten „Freizeit" aufgeladen werden, sind dafür ebenso symptomatisch wie die gängige Verherrlichung des Urlaubs als der „schönsten Wochen des Jahres". Beides muss man sich erst mal leisten können.

Der Preis, den wir für die immer striktere Outputorientierung der gesellschaftlich organisierten Arbeit zahlen, ist allerdings nicht gering. Unter dem Stress stetig steigenden Leistungsdrucks wird die Arbeitswelt für immer mehr Menschen zum Ort von Gefühlen der Überforderung und von Versagensängsten, was sich statistisch in der Zunahme psychosomatischer Erkrankungen niederschlägt. Und der Anteil jener, die den Leistungsanforderungen nicht mehr genügen und aus dem Arbeitsmarkt herausfallen, wächst ziemlich unabhängig von Konjunkturzyklen stetig. Selbst unter denen, die sich im Arbeitsmarkt noch knapp behaupten können, verbreitet sich das Phänomen der *Working Poor:* Obwohl die Betroffenen vollzeitlich und in der Regel durchaus angestrengt arbeiten, ist der ökonomische „Mehrwert", den sie für potenzielle Arbeitgeber schaffen, offenbar so gering, dass der gebotene Lohn nicht für ein anständiges Leben auf dem Niveau des kulturellen Existenzminimums[16] unserer Gesellschaft reicht. Wir sind, dank des unaufhaltsamen ökonomischen (Effizienz-)„Fortschritts", auch in den so genannten „reichsten" Volkswirtschaften der Welt der Zweidrittelgesellschaft schon recht nahe gekommen.

Mit Verlaub – aber um welche Idee von gesellschaftlichem Fortschritt geht es bei solcher Effizienzsteigerung eigentlich? *Wirtschaften heißt Werte schaffen* – aber welche Werte für wen? Mir scheint, die wirtschaftliche Rationalisierungsdynamik zeitigt in den beiden skizzierten exemplarischen Problemfeldern wie auch in vielen anderen zunehmend eine Eigensinnigkeit, die aus der Sicht des gesunden Menschenverstands als ziemlich *unsinnig* und unvernünftig bezeichnet werden muss. Grund genug und höchste Zeit also, um uns zu fragen,

I. Effizienz wofür und für wen?

an welcher unverkürzten Idee *vernünftigen Wirtschaftens aus lebenspraktischer Sicht* (statt bloß aus der Perspektive der marktwirtschaftlichen Systemlogik heraus) wir uns denn orientieren könnten.

I.3 Die grundlegenden Gesichtspunkte vernünftigen Wirtschaftens

Erinnern wir uns an die einleitenden Überlegungen. Wenn wir zu jemandem sagen: „Sei doch vernünftig!", so meinen wir damit normalerweise keineswegs nur: „Handle effizient!" Als *vernünftig* pflegen wir eine Handlungsweise erst zu bezeichnen, wenn sie in umfassender Weise unseren *normativen* Leitideen entspricht, wie man in einer bestimmten Situation eben vernünftigerweise – d. h. mit guten Gründen – handeln *soll*. (Normative Aussagen sind definiert als Sollenssätze.) Jeder Begriff von Rationalität oder Vernunft ist selbst immer schon eine normative Orientierungsidee: Das Vernünftige ist das Verbindliche, soweit wir uns unter den (Selbst-)Anspruch stellen (lassen), eine vernünftige Person zu sein, die ihr Tun eben auf rationale Gründe abstellt. Und soweit wir vernünftig sind, reflektieren wir dabei die umfassenden Sinn- und Wirkungszusammenhänge dieses Tuns.

Vernünftiges Wirtschaften aus ganzheitlicher, lebenspraktischer Sicht orientiert sich dementsprechend – das scheint in der Natur der Sache zu liegen – an ihrer *Lebensdienlichkeit*.[17] Was aber ist lebensdienlich? An diesem Punkt kommt, ob uns das bewusst ist oder nicht, die *Ethik* ins Spiel. Denn jede mögliche Antwort auf diese elementare Frage impliziert immer schon zwei ethische Orientierungsideen: eine Idee vom *guten Leben* und eine Idee vom *gerechten Zusammenleben* der Menschen.[18]

I. Leitideen modernen Wirtschaftens

Damit ist das Wirtschaften in den Kontext der beiden klassischen ethischen Grundfragen gestellt (Abb. 2). Die beiden Dimensionen lassen sich zum einen als die Sinnfrage und zum andern als die Legitimationsfrage des Wirtschaftens thematisieren:

- Die *Sinnfrage* entspricht der aristotelischen Perspektive einer teleologischen Ethik (Lehre vom Erstrebenswerten, vom guten Leben). Sie bezieht unsere Wirtschaftsform auf die Wertorientierungen eines uns vertrauten und zuträglich erscheinenden *kulturellen Lebensentwurfs*.

---

a) Dimension des guten Lebens: *Sinnfragen*

- Wie wollen wir in Zukunft leben? (Frage nach dem kulturellen Lebensentwurf)
- Wie wollen wir den Produktivitätsfortschritt sinnvoll nutzen?
- Welche Werte sind wirtschaftend zu schaffen?

b) Dimension des gerechten Zusammenlebens: *Legitimitätsfragen*

- *Für wen* sind Werte zu schaffen? (Frage nach dem Leitbild einer wohlgeordneten Gesellschaft)
- Wie sind Nutzen und Kosten der „Rationalisierung" gerecht zu verteilen?
- Welche internationalen Rahmenbedingungen sind für eine gerechte (Welt-)Wirtschaftsordnung notwendig?

Abb. 2: Zwei wirtschaftsethische Dimensionen des wirtschaftlichen „Werteschaffens"

● Die *Legitimationsfrage* entspricht der kantischen Dimension der deontologischen Ethik (Lehre von den moralischen Rechten und Pflichten, also von den zwischenmenschlichen Verbindlichkeiten, insbesondere des gerechten Zusammenlebens). Sie stellt unsere Wirtschaftsordnung ebenso wie die einzelnen Handlungsweisen unter das *politisch-ethische Leitbild* einer wohlgeordneten Gesellschaft freier und gleicher Bürger.

Die beiden Gesichtspunkte stehen in einem systematischen Verhältnis zueinander. Es ist nämlich, wie wir in Kapitel 3 noch genauer sehen werden, gerade die Aufgabe einer legitimen Wirtschafts- und Gesellschaftsordnung, eine bunte Vielfalt blühender, sich wechselseitig respektierender Lebensformen zu ermöglichen. Formen des guten Lebens gibt es unter modernen Vorzeichen nur im Plural – und nur im Rahmen einer von allen Gruppen anerkannten und für alle verbindlichen, fairen Grundordnung. Dieser kommt daher normativ der Vorrang zu. Sie hat zum Zweck, Weltanschauungen und Lebensformen von öffentlichen Rechtfertigungsansprüchen freizustellen – soweit sie die Legitimitätsvoraussetzung wahren, anderen die gleiche Freiheit zur Wahl ihrer bevorzugten Lebensform zuzugestehen.

Gemäß diesem zweidimensionalen Grundkonzept benötigt lebenspraktisch vernünftiges (lebensdienliches) Wirtschaften in beiden Dimensionen handlungsorientierende *Vorgaben:* einerseits subjektive Werte des guten Lebens (Sinnorientierung) und andererseits allgemein verbindliche Grundsätze des gerechten Zusammenlebens (Gerechtigkeitsorientierung). Dieses Postulat wendet sich – um einem möglichen Missverständnis vorzubeugen – keineswegs gegen den ökonomischen Effizienzgesichtspunkt, vielmehr zielt es auf die Klärung der unausweichlichen Frage, *wofür* und *für wen* eine lebensdienli-

I. Leitideen modernen Wirtschaftens

che (Markt-)Wirtschaft denn effizient funktionieren soll. Der Markt ist gleichsam ethisch blind – er kann das von sich aus nicht „wissen", wir müssen es ihm schon „sagen". In einem unverkürzten Verständnis vernünftigen Wirtschaftens ist daher die Effizienz ein systematisch nachrangiges Kriterium, das erst *im Hinblick* auf die vorzugebenden Sinnorientierungen und Legitimitätsbedingungen als lebensdienlich begründet werden kann (Abb. 3).

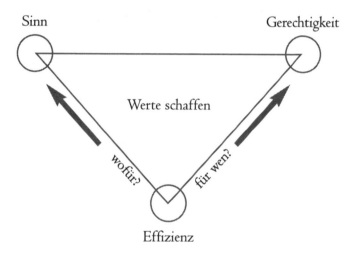

Abb. 3: Drei Gesichtspunkte wirtschaftlicher Vernunft

Wirtschaftsethik, so wie ich sie verstehe, ist die Interdisziplin, die in dieser Weise das ökonomische „Werteschaffen" hartnäckig hinsichtlich seiner Vernünftigkeit *im Lebenszusammenhang* der Menschen reflektiert. Nun dürfte auch die besondere Aktualität und Brisanz so verstandener Wirtschaftsethik auf der Hand liegen: Im Gegensatz zu ihr betrachtet nämlich die heute gelehrte *Mainstream Economics* das Wirtschaften nur mehr aus der *Perspektive der marktwirtschaftlichen Systemlogik*. Diese ist heute die Logik des globalen Marktes, auf dem mit dem so genannten Standortwettbewerb zugleich auch die ganzen staatlichen Rahmenordnungen der nationalen Märkte miteinander im Wettbewerb stehen. Als „gut" erscheint infolgedessen eine Rahmenordnung sowie die gesamte Wirtschaftspolitik in erster Linie, wenn sie dem rund um die Welt anlagesuchenden, rentabilitätsinteressierten Kapital gute Investitionsbedingungen gewährleistet. Unter diesen Umständen zählen primär nicht mehr die Kriterien der konkreten Lebensdienlichkeit, sondern allein die *internationale Wettbewerbsfähigkeit* eines Standorts, und das heißt: die ökonomische *Effizienz*, mit der dort im Vergleich zu alternativen Standorten Kapital verwertet werden kann. So droht am Ende die eigensinnige ökonomische Logik auch noch über die Ordnungspolitik zu triumphieren (mehr dazu in Kapitel 6). Die unpersönliche, bisweilen tatsächlich „unmenschlich" wirkende Systemlogik entzieht sich immer mehr menschlichen Sinn- und Gerechtigkeitsansprüchen und macht sich stattdessen in verkehrter Weise die Lebensbedingungen der Menschen und die Realpolitik untertan, wie wir an zwei Beispielen schon gesehen haben.

Es geht demgegenüber in einer modernen Wirtschaftsethik darum, beharrlich den vernunftethisch gebotenen *Primat der Ethik* – auch und insbesondere der *politischen Ethik* – *vor der Logik des Marktes* argumentativ stark zu machen; im vollen Bewusstsein dafür, dass Vernunft immer nur die Macht des besseren Arguments, nicht die realpolitische Macht hat. An diesem Punkt liegt natürlich der Hinweis auf die *Ohnmacht der Vernunft* nahe. Aber diesbezüglich sollten wir – entgegen jenen, die mit zynischem Lächeln auf den Lippen wider den „weltfremden Idealismus" einer ethischen Haltung lästern – nicht zu schnell resignieren. Denn schließlich beruht die moderne Gesell-

I. Leitideen modernen Wirtschaftens

schaft auch auf einem ethisch-politischen Rationalitätsanspruch, der sich historisch durchaus als wirkungsmächtig erwiesen hat. Es ist dies eine Erfolgsgeschichte der aufklärerischen Vernunft, die etwa in Form der Ideen der universalen Menschenrechte und der Demokratie weltweit noch heute unaufhörlich „Fortschritt" macht. Offenbar übt ihr Vernunftpotenzial eine kaum zu begrenzende Anziehungskraft auf freiheitsfähige Menschen aus, wo immer auf diesem Globus sie leben. In einer „offenen Gesellschaft"[19], in der alle Macht sich vor dem „räsonierenden Publikum"[20] der wahl- und stimmberechtigten Bürgerschaft legitimieren muss, kann „der eigentümlich zwanglose Zwang des besseren Argumentes"[21] durchaus einen starken öffentlichen *Legitimationsdruck* auf jene ausüben, die ohne Rücksicht auf die lebenspraktischen Folgen für andere ihre Partikulärinteressen verfolgen.

So gesehen, dient wirtschaftsethische Reflexion nicht nur unserer beschaulichen *Orientierung im Denken*; vielmehr gehört es zu unserem Status als Bürger einer freiheitlich-demokratischen Gesellschaft, dass wir – wer sonst? – unsere wirtschafts- und staatsbürgerliche Aufgabe darin erkennen, unsere *Mitverantwortung* wahrzunehmen für eine Neuausrichtung des sozioökonomischen Fortschritts, die lebenspraktisch Sinn macht und zu einigermaßen gerechten gesellschaftlichen Verhältnissen führt. Es kommt darauf an, dass wir – die Gemeinschaft der politisch mündigen Bürgerinnen und Bürger – „unserer" Volkswirtschaft die entsprechenden normativen Vorgaben geben. Sonst hätten wir bald einmal eine „Volkswirtschaft" ohne Volk...

Zweifellos stellt sich diese anspruchsvolle Aufgabe heute im Zeichen der Globalisierung zunehmend auch auf der supranationalen Ebene der Weltbürger und der Völkergemeinschaft; darauf gehen wir weiter unten im 6. Kapitel noch speziell ein. Vorerst tut aber die grundsätzliche Stärkung der wirtschaftsethischen Argumentation gegenüber der gewohnten und realpolitisch weitgehend dominierenden ökonomischen „Sachlogik" Not. Das erste wirtschaftsethische Anliegen geht dahin, den herrschenden Respekt vor dem ökonomischen Jargon der „wertfreien Sachlichkeit" etwas aufzuweichen, wie er heute besonders lautstark vom gegenwärtig (noch) tonangebenden marktradikalen Neoliberalismus[22] verwendet wird. Zwar spüren wohl viele Bürgerinnen und Bürger intuitiv, dass damit etwas nicht ganz stimmen kann; aber sie fühlen sich oft ohnmächtig, ihre Intuitionen präzis in Worte zu fassen. Der nachfolgende Abschnitt möchte die geneigten Leserinnen und Leser in ihrer vermutlichen Intuition bestärken, dass mit der landläufigen neoliberalen Sachzwang- und Gemeinwohl-Rhetorik nicht alles gesagt ist, was im Namen wohlverstandener ökonomischer Vernunft zu sagen wäre.

I.4 Zur Kritik der „wertfreien" ökonomischen Sachlogik und ihrer normativen Überhöhung zum Ökonomismus

Integrative Wirtschaftsethik, wie sie der St. Galler Ansatz der Wirtschaftsethik vertritt, setzt genau in diesem Sinne grundlagenkritisch an. Ihr systematischer Ansatzpunkt ist die Einsicht, dass die ökonomische Sachlogik (oder das, was als solche ausgegeben wird) immer schon selbst hochgradig normativ ist. Es macht folglich wenig Sinn, ihr einfach eine andere, „sachfremde" ethische Normativität überstülpen zu wollen: Diese wird an jener gleichsam abprallen, wenn der implizite normative Gehalt der sich selbst normalerweise als „wertfrei" (miss-)verstehenden ökonomischen Argumentationsweise nicht kritisch aufgegriffen und im dreifachen Hegelschen Sinn „aufgehoben"[23] wird.

I. Leitideen modernen Wirtschaftens

Die Kritik der (nicht ganz) reinen ökonomischen Vernunft und dessen, was uns in ihrem Namen so alles „verkauft" wird, ist daher die *systematisch erste Aufgabe* integrativer Wirtschaftsethik. Bevor wir uns dieser Aufgabe zuwenden, sei der Übersicht halber kurz die Gesamtarchitektur des integrativen Ansatzes erwähnt. Dieser unterscheidet – nach der allgemeinen philosophisch-ethischen Klärung des *moral point of view* – drei systematische Grundaufgaben:

1. die Kritik der „reinen" ökonomischen Vernunft und ihrer Überhöhung zum Ökonomismus (oder: die Entzauberung der Metaphysik des Marktes),
2. die Klärung der ethischen Gesichtspunkte einer lebensdienlichen Ökonomie in beiden Dimensionen (Sinnorientierung und Legitimitätsgrundlagen),
3. die Bestimmung der „Orte" der Moral des Wirtschaftens in einer wohl geordneten Gesellschaft freier Bürger (d.h. Klärung der bestimmten Instanzen zurechenbaren wirtschaftsethischen Ansprüche).

Die Zuordnung dieser drei wirtschaftsethischen Grundaufgaben zu den einzelnen Kapiteln dieses Buches fällt nicht schwer: Hier im I. Kapitel befassen wir uns im Weiteren ausschließlich mit der ersten Aufgabe. Kapitel 2 ist der Sinnfrage, Kapitel 3 der Legitimitätsfrage gewidmet; zusammen entsprechen sie der zweiten Grundaufgabe. Die restlichen drei Kapitel wenden sich gemäß der dritten Grundaufgabe drei grundlegenden „Orten" der Moral des Wirtschaftens zu: Kapitel 4 fragt nach den wirtschaftsethischen Ansprüchen, die unmittelbar den Bürgern zumutbar und notwendigerweise zuzumuten sind (Wirtschaftsbürgerethik), Kapitel 5 nach dem an-

I. Effizienz wofür und für wen?

gemessenen Rollenverständnis der Unternehmen (Unternehmensethik) und Kapitel 6 nach einer lebensdienlichen Rahmenordnung des Marktes im Zeitalter der Globalisierung (Weltwirtschaftsethik).

Zurück zur ersten Grundaufgabe. Was bedeutet zunächst der in ihrer Umschreibung oben eingeführte, auf den Kölner Sozialökonomen Gerhard Weisser[24] zurückgehende Begriff des *Ökonomismus?* Gemeint ist damit wie bei allen -ismen eine Weltanschauung; in diesem Fall eine, die sich hinter dem Jargon wertfreier Sachrationalität versteckt, dabei aber die ökonomische Rationalität (Effizienz) zum obersten Wertgesichtspunkt verabsolutiert und einer nahezu grenzenlosen Ökonomisierung unserer Lebensformen, der Gesellschaft und der Politik das Wort redet. Der Ökonomismus ist wohl *die* Großideologie der Gegenwart – und diese damit alles andere als das vermeintliche postideologische Zeitalter: Kaum je zuvor hat eine einzige ideologische Argumentationsform weltweit einen vergleichbaren Einfluss ausgeübt. Ökonomismuskritik oder die Kritik der entgrenzten ökonomischen Ratio ist aus geistesgeschichtlicher Perspektive ein Stück überfällige *nachholende Aufklärung.*

Der Ökonomismus ist, wie man etwas salopp sagen könnte, der Glaube der ökonomischen Ratio an nichts als sich selbst (ökonomischer Rationalismus). Erinnert sei an das in Abschnitt I.2 zitierte Bekenntnis von C. C. von Weizsäcker: „Der Ökonom *glaubt* daran, dass Effizienz erwünscht ist." Der apodiktischen Aussage v. Weizsäckers („*Der* Ökonom") ist entgegenzuhalten, dass Ökonomen selbstverständlich nicht zwingend Ökonomisten sind; sie sind nur einer besonderen Gefährdung ausgesetzt, im Sinne einer *déformation professionnelle* zu einer ökonomistischen Weltanschauung zu tendieren. Wirklich „sachliche" Ökonomen hüten sich davor, indem sie die philosophischen

35

und methodologischen Grundannahmen ihrer Disziplin immer wieder kritisch reflektieren! Dann werden und bleiben sie sich bewusst, dass aus „rein" ökonomischen Analysen keine ethisch-politisch gehaltvollen normativen Folgerungen begründbar sind.

Der Ökonomismus begegnet uns in Theorie und Praxis am häufigsten in der Form eines *Reflexionsstopps vor dem normativen Gehalt ökonomischer Argumente*, die in wirtschafts- und gesellschaftspolitischer Absicht vorgebracht werden. Das geschieht regelmäßig in der Weise, dass *andere* normative Geltungsansprüche, etwa solche, die explizit im Namen der Ethik erhoben werden, mit dem Verweis auf die angebliche *Unmöglichkeit* ihrer Berücksichtigung *unter den Bedingungen des marktwirtschaftlichen Wettbewerbs* abgewiesen werden, womit die normative Logik des Marktes natürlich selbst unbegründet als vorrangig ausgegeben wird.

Diese vermeintlichen marktwirtschaftlichen „Bedingungen" können entweder als *empirische* oder aber als *normative* Bedingungen präsentiert werden. Dementsprechend sind auch zwei alltägliche Erscheinungsformen des Ökonomismus zu unterscheiden, die sich bestens ergänzen: Nennen wir sie das Sachzwangdenken zum einen und die Metaphysik des Marktes zum anderen. Zusammen klingt das dann etwa so: *Der harte (globale) Wettbewerb zwingt uns...* (Sachzwangthese), *aber es dient letztlich dem Wohl aller* (marktmetaphysische Gemeinwohlfiktion).

Wir wollen nun versuchen, die beiden Varianten des Ökonomismus, das Sachzwangdenken als die empiristische Version und die Metaphysik des Marktes als die normativistische Version, etwas genauer zu durchleuchten und ihre jeweilige ideologische Funktion zu verdeutlichen.

I. Effizienz wofür und für wen?

a) Das Sachzwangdenken

Niemand wird bezweifeln, dass Sachzwänge des Wettbewerbs real bestehen für diejenigen, die sich in ihm existenziell behaupten müssen – und das sind wir fast alle, soweit wir darauf angewiesen sind, unseren Lebensunterhalt als Unternehmer unserer eigenen Arbeitskraft zu verdienen. Erst unsere *Einkommens- oder Gewinninteressen* sind also der Grund dafür, dass wir uns unter Erfolgszwang fühlen – der Markt allein zwingt uns zu gar nichts. Wie der berühmte österreichische Ökonom Joseph Schumpeter ganz richtig formuliert hat, werden „die Unternehmungen und ihre Leiter ... *durch ihr Gewinnmotiv gezwungen* ..., sich aufs Äußerste anzustrengen, um eine maximale Produktion und minimale Kosten zu erreichen"[25].

Es herrscht also im Markt weniger ein objektiver Zwang *zur* Gewinnmaximierung als vielmehr der *wechselseitige* Zwang der Wirtschaftssubjekte *durch* ihr je privates Einkommens- oder Gewinnstreben. Erst unter der ideologisch vorausgesetzten *Norm* der strikten Einkommens- bzw. Gewinn*maximierung* wird es für die Wirtschaftssubjekte gänzlich „unmöglich", auf *andere* normative Gesichtspunkte, etwa solche der Human-, Sozial- und Umweltverträglichkeit ihres Handelns, Rücksicht zu nehmen. Aus wirtschaftsethischer Sicht gilt es jedoch gerade diese Einkommens- und Gewinninteressen ethischkritisch dahingehend zu reflektieren, *wie weit* sie im Lichte der moralischen Rechte anderer legitim sind und wo diese den Vorrang verdienen. Man geht ja wohl auch im Wirtschaftsleben nicht einfach über Leichen – außer in den *Mafia Economics*.

Das vermeintliche empirische Problem der Unmöglichkeit moralischen Handelns unter Wettbewerbsbedingungen entpuppt sich so als das normative Problem der situativen *Zumutbarkeit* moralisch be-

I. Leitideen modernen Wirtschaftens

gründeten Gewinn- oder Einkommensverzichts: Wie weit kann man legitimerweise von Wirtschaftsakteuren einen solchen Verzicht verlangen, um die berechtigten Ansprüche Betroffener – wie beispielsweise von Mitarbeitenden, Kunden, Lieferanten oder der lokalen Öffentlichkeit – zu wahren? Auch die Akteure haben ja wohl prinzipiell einen legitimen Anspruch auf ihre Selbstbehauptung im Wettbewerb! Niemand braucht seine eigenen berechtigten Ansprüche zu verleugnen, wohl aber kommt es auf die *wechselseitige* Achtung der moralischen Rechte von Akteuren und Betroffenen und die Bereitschaft zur entsprechenden Selbstbegrenzung der eigenen Ansprüche an.

Die moralische Selbstbegrenzung des privaten Einkommens- oder Vorteilsstrebens ist einem Wirtschaftsakteur demnach umso eher zumutbar, je weniger er dadurch in seiner wirtschaftlichen Selbstbehauptung gefährdet wird. Das aber hat eine bedeutsame ordnungspolitische Dimension: Je mehr die Märkte *dereguliert* und der Wettbewerb dadurch intensiver wird, desto härter wird die Selbstbehauptung für alle in ihn verstrickten Akteure und umso weniger ist die individuelle Selbstbegrenzung den Wirtschaftssubjekten zumutbar. Der total „*freie*" Markt, den es real zum Glück kaum gibt, wäre auch ein fast totaler lebenspraktischer *Zwangszusammenhang*! Er brächte vor allem die wettbewerbsschwächeren Personen in prekäre Existenzbedingungen. Als symptomatische Begleiterscheinung einer Politik der Marktderegulierung und Wettbewerbsintensivierung, wie wir sie (nicht zum ersten Mal in der Geschichte) seit etwa 20 Jahren besonders ausgeprägt erleben, nimmt daher überall auf der Welt die Spaltung der Gesellschaft in Gewinner und Verlierer zu. Die Frage drängt sich auf: Wollen wir das wirklich? Oder ideologiekritisch gefragt: Wer konkret will denn das aus welchem Grund?

I. Effizienz wofür und für wen?

In Frage gestellt ist damit die derzeit (noch) dominierende „neoliberale" Wirtschaftsdoktrin (im heutigen, nicht im ursprünglichen Sinn des Begriffs), deren Generalrezept zur Lösung fast aller wirtschafts- und gesellschaftspolitischen Probleme bekanntlich *„mehr Markt!"* lautet. Oder in der populär gereimten Langform: „Macht keine Geschichten, der Markt wird's schon richten." Wenn unsere Analyse stimmt, dann bedeutet das, dass die neoliberale Politik der grenzenlosen Marktderegulierung und Wettbewerbsintensivierung uns Bürger nicht etwa aus den wirtschaftlichen Sachzwängen befreien, sondern uns im Gegenteil ihnen möglichst total unterwerfen will. An einer solchen *Sachzwangpolitik* interessiert sind wohl nur jene, die von ihr besonders profitieren. Es besteht nämlich aus wirtschaftsethischer Sicht eine ausgeprägte *Parteilichkeit der Sach(zwang)logik des Marktes*. Diese ideologisch wegzureden, ist exakt die Aufgabe der zweiten, normativistischen Erscheinungsform des Ökonomismus.

b) Die Metaphysik des Marktes

Dass diese Parteilichkeit des Marktes so erstaunlich selten klar gesehen wird, liegt wohl daran, dass aus der *unpersönlichen* Funktionsweise des Marktes fälschlicherweise auf *unparteiliche* Ergebnisse geschlossen wird. Es herrscht also die Fiktion einer *allgemeinen Effizienz*, die allen gleichermaßen zugute käme, also per se gemeinwohldienlich sei. Dem ist aber keineswegs so; vielmehr bevorzugt der Markt strukturell die „systemkonformen" Einkommens- und Gewinninteressen derjenigen, die reichlich über „verwertbares" Kapital im weitesten Sinne – Finanz-, Sach- oder Humankapital („Köpfchen") – verfügen. Gleichviel ob diese „starken" Wirtschaftssubjekte gerade investieren oder

I. Leitideen modernen Wirtschaftens

desinvestieren, Arbeitsplätze schaffen oder vernichten, Löhne erhöhen oder drücken, ihr Tun gilt unter der gegebenen normativen Sachlogik der real existierenden kapitalistischen Marktwirtschaft definitionsgemäß stets als rational, ganz wie wir es mit Max Frisch ironisiert haben: „Vernünftig ist, was rentiert." Demgegenüber haben die Vertreter anderer, nicht „systemkonformer" Interessen (z. B. Arbeitnehmerinteressen) oder ideeller Anliegen (z. B. Wahrung der Menschenrechte, soziale Gerechtigkeit oder ökologische Nachhaltigkeit) die ökonomische Sachlogik ebenso regelmäßig *gegen* sich.

Es kann daher nicht verwundern, dass beispielsweise der deutsche „Sachverständigenrat (!) zur Begutachtung der gesamtwirtschaftlichen Entwicklung" in seinen jährlichen Gutachten Vorwürfe wirtschaftlich *unvernünftigen* Verhaltens und entsprechende wirtschaftspolitische Ermahnungen zum Maßhalten regelmäßig nur an die Arbeitnehmerverbände und an die Regierung richtet:

„Die Feststellung und Zurechnung destabilisierenden Fehlverhaltens ist nach dem neoklassischen[26] Interpretationsmuster erkennbar einfach: Fehlverhalten ist nur möglich seitens der Gewerkschaften (,zu hohe' Lohnforderungen) und seitens der Regierung (,zu hohe' Besteuerung der Gewinneinkommen...). Im Falle des Verfehlens der Stabilitätsziele [bezüglich Konjunktur und Wachstum, P. U.] kann daher den Gewerkschaften und der Regierung von den Begutachtern der Wirtschaftspolitik scheinbar politisch wertfrei die Verletzung wirtschaftlicher Sachgesetzlichkeiten als gesamtwirtschaftlich verantwortungsloses Verhalten bescheinigt werden."[27]

Kaum je gehört hat man hingegen von den nach ihrem Selbstverständnis ganz wertfreien „Sachverständigen" der normativen Logik des Marktes eine Ermahnung an die *Shareholder* und sonstigen Kapitalgeber, sie sollten ihre möglicherweise ebenfalls „zu hohen" Renditeansprüche mäßigen.[28] Dabei weisen die makroökonomischen Daten gerade in jüngster Zeit durchaus auf Indizien, dass in dieser einseitigen Shareholder-Orientierung gewichtige Ursachen für die wirtschaftspolitischen Probleme der jüngsten Zeit (Wachstumsschwäche und Arbeitslosigkeit der 90er Jahre des 20. Jahrhunderts) liegen könnten, von den problematischen Effekten der volatilen globalen Finanzmärkte („Asienkrise") vor allem auf die Volkswirtschaften von Entwicklungsländern ganz zu schweigen. Die ideologische Funktion der gängigen ökonomistischen Gemeinwohlrhetorik besteht schlicht darin, diese eminente Parteilichkeit des Marktprinzips für die Kapitalverwertungsinteressen zu verbergen.

I.5 Die sozialökonomische Rationalitätsidee als „ideelle Spitze" einer Vernunftethik des Wirtschaftens

Wie kann der Wirtschaftsethiker die marktmetaphysische Gemeinwohlfiktion durchbrechen? Im Prinzip ist es ganz einfach: Immer dann, wenn im Namen der ökonomischen Vernunft in allgemeiner Weise mit Effizienzgesichtspunkten argumentiert wird, gilt es nachzufragen, *für wen konkret* eine vorgeschlagene Handlungsweise oder die Gestaltung einer Institution denn effizient ist und für wen nicht. So wird deutlich, dass Fragen des *effizienten* Umgangs mit der *Knappheit* von Ressourcen oder Gütern stets unablösbar eingebunden sind in Fragen des *gerechten* Umgangs mit den sozialen *Konflikten* zwischen allen Beteiligten und Betroffenen (Abb. 4).

I. Leitideen modernen Wirtschaftens

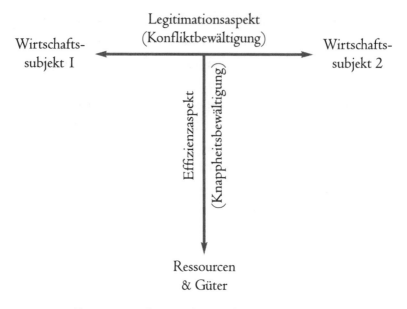

Abb. 4: Die Zweidimensionalität sozialökonomischer Rationalität

Dieses „T"-Modell symbolisiert zweierlei: zum Ersten, dass *vernünftiges Wirtschaften* zweidimensional zu denken ist; denn die Frage nach einem gerechten Umgang mit den sozialen Konflikten um knappe Güter ist nicht auch noch in „rein" ökonomischen Kategorien, sondern nur in Kategorien ethischer Vernunft zu beantworten. Und zum Zweiten kommen zugleich das angemessene Verhältnis und der Weg zur Vermittlung der beiden genannten Dimensionen vernünftigen Wirtschaftens zum Ausdruck: Es geht nicht einfach darum, dem ökonomischen Rationalitätsanspruch den ethischen gleichsam als dessen „Gegengift" oder Korrektiv bloß unvermittelt entgegenzusetzen oder gar den Effizienzanspruch zugunsten ethischer Kriterien fallenzulassen. Vielmehr kommt es darauf an, den Effizienzgesichtspunkt in einer umfassenderen Idee ökonomischer Vernunft „aufzuheben"[29]. Diese (diskursethisch fundierte) regulative Idee ökonomischer Vernunft, die ich zur Unterscheidung von der herkömmlichen ökonomischen Rationalität die *sozialökonomische Rationalitätsidee* nenne, *integriert* die ethische Legitimitätsbedingung in die Leitidee vernünftigen Wirtschaftens. Als ökonomisch vernünftig in diesem wirtschaftsethisch integrierten Sinn kann jede Handlung oder Institution gelten, die freie und mündige Personen in der vernunftgeleiteten Verständigung unter allen Betroffenen als legitime Form der Wertschöpfung gutheißen können.[30]

Mit der sozialökonomischen Rationalitätsidee ist gleichsam nicht mehr und nicht weniger als die „ideelle Spitze" einer modernen Vernunftethik des Wirtschaftens auf den Begriff gebracht. Mit ihr braucht sich die Wirtschaftsethik erstmals vonseiten der Vertreter einer vermeintlich rein ökonomischen Perspektive nicht mehr in die Ecke der ökonomischen Unvernunft stellen zu lassen. Stattdessen lässt sich jetzt der ausgedünnten ökonomischen Ratio neoklassischer Prägung ein anspruchsvollerer, ethisch gehaltvoller Begriff ökonomischer Vernunft entgegenhalten.

Zugegebenermaßen bleibt die sozialökonomische Rationalitätsidee zunächst reichlich abstrakt. Als regulative Idee zeigt sie – wie ein Wegweiser – nur die generelle Richtung an, in die wir uns vernünftigerweise orientieren sollten: Sie bringt nichts anderes als den *moral point of view* einer modernen Vernunftethik des Wirtschaftens auf den Begriff. Wohin uns der Weg, in diesem Fall der Weg einer *ethisch integrierten ökonomischen Vernunft*, im Einzelnen führt, werden wir erst sehen, wenn wir in die von ihm angezeigte Richtung gehen. Als Leserin oder Leser sind Sie eingeladen, in den nachfolgenden Kapiteln einige geistige Wegstrecken mitzuwandern! Im anschließenden Kapitel 2 werden wir zunächst aus einer umfassenden geistes- und realgeschichtlichen Perspektive zu erhellen versuchen, wo die entfesselte ökonomische Rationalisierungsdynamik der Moderne ihre motivationalen und strukturellen Ursachen hat und vor welchen epochalen Herausforderungen wir gegenwärtig stehen, wenn der ökonomische Rationalisierungsprozess in Zukunft noch einlösen soll, was er verspricht: nämlich *mehr Vernunft* in unser Wirtschaften zu bringen.

2. Fortschritt wohin?
Moderne Verheißungen und epochale Sinnfragen

Fortschritt kommt von ‚fortschreiten'. Aber wohin soll es denn gehen? In diesem Kapitel wagen wir eine mit ziemlich großer Optik gezeichnete geschichtliche Perspektive des Fortschritts, den uns die moderne Ökonomisierungsdynamik verheißen hat. Zu erhellen und zu erwägen gilt es, inwiefern und weshalb wir heute möglicherweise vor epochalen Weichenstellungen stehen. Soll der Fort-Schritt in Zukunft noch ein sinnvoller Fortschritt sein, so wird es dringlich, dass wir uns auf seine handlungsorientierenden Leitideen besinnen.

Was da in der Moderne epochemachend vor sich gegangen ist und weiter vor sich geht, gilt es zuerst genauer in den Blick zu bekommen (2.1) und in den geschichtlichen Ursprüngen zu erhellen (2.2). Denn die Gegenwart ist nur als gewordene verstehbar – und die Zukunft nur im Bewusstsein dieser Geschichte „fortschrittlich" gestaltbar. Von da aus ist die spezifische ökonomische Herausforderung der Gegenwart zu bestimmen (2.3). Den vermutlich über kurz oder lang anstehenden Themenwechsel des Fortschritts werden wir im Spannungsfeld zwischen einem Traum von John Maynard Keynes (2.4) und einer Befürchtung Max Webers (2.5) zuspitzen.

2.1 „Das unvollendete Projekt der Moderne"
(Jürgen Habermas)

„Die Zeiten sind hart, aber modern", soll Charlie Chaplin einmal gesagt haben. „Hart" sind in der Tat die vielfältigen *Zumutungen* der Moderne, unser Leben jenseits der Geborgenheit in den festen Werten und Gewohnheiten der Tradition unser Leben selbständig *führen zu müssen*, vor allem *selber zu denken* – damit ist der aufklärerische Kern der *kulturellen* Modernisierung, der „Ausgang aus der selbstverschuldeten Unmündigkeit"[31] angesprochen – und uns im Existenzkampf als „Lebensunternehmer" („Unternehmer unserer Arbeitskraft", vgl. Kapitel I) *selbst zu behaupten* – damit ist vor allem die *wirtschaftliche* Modernisierung thematisiert. Auf einer spannungsreichen Wechselwirkung beider Momente beruht von Anfang an die *gesellschaftliche* Modernisierung (Abb. 5).

Was die kulturelle, gesellschaftliche und wirtschaftliche Modernisierung im Kern verbindet, ist ihre *emanzipatorische* Ausrichtung: Wir sollen uns aus fremdbestimmtem Denken und Handeln jeder Art befreien (Kant) und als freie Bürgerinnen und Bürger leben können. Treibende Kraft ist der *„Gedanke der Selbstbefreiung des Menschen durch den Appell an die Ratio:* die Abwerfung von Bindungen, die Emanzipation des Menschen und die Herstellung seiner Autonomie"[32]. Hat dieser zentrale moderne Gedanke erst einmal das Denken der Menschen erfasst, so lässt sich der darin enthaltene Anspruch der Autonomie, d.h. eben der vernünftigen Selbstbestimmung, kaum mehr auf partielle Handlungs- und Lebensbereiche eingrenzen. Das geschichtsmächtige, epochale „Projekt der Moderne"[33] hat daher einen umfassenden, uneingrenzbaren und wohl auch unabschließbaren Geltungsanspruch.

Aber dass die Modernisierung geradlinig weiter fortschreitet und „fortschreitend" den erwähnten emanzipatorischen Anspruch einlöst, steht keineswegs fest. Wird nämlich der Anpassungsdruck an die angedeuteten Härten oder „Zumutungen" des modernen Lebens als allzu bedrohlich empfunden, etwa weil sie unvermittelt in traditionelle Lebensformen einbrechen oder weil das Tempo des Kultur- und

2. Fortschritt wohin? Moderne Verheißungen und epochale Sinnfragen

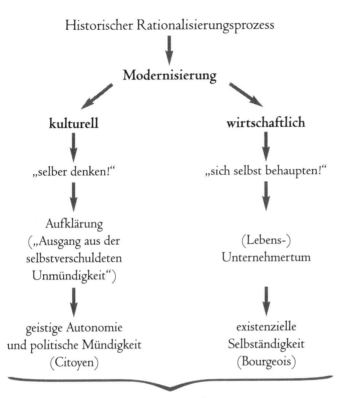

Abb. 5: Zwei Dimensionen der gesellschaftlichen Modernisierung

I. Leitideen modernen Wirtschaftens

sozioökonomischen Strukturwandels die Anpassungsfähigkeit der Menschen überfordert, so provoziert dies bisweilen mehr oder weniger „reaktionäre", im Grenzfall vielleicht sogar „fundamentalistische" Gegenkräfte. Modernisierungsprozesse waren von Anfang an weltanschaulich und politisch umstritten, und sie werden es wohl immer bleiben. Wie wir in Abschnitt 2.2 noch sehen werden, braucht jedoch keineswegs jeder Widerstand gegen moderne Rationalisierungskräfte Ausdruck einer rückwärtsgewandten Mentalität zu sein. Es kommt eben sehr darauf an, *welche* Moderne mit dem „Fortschritt" genau gemeint ist.

Es war Max Weber, der anfangs des 20. Jahrhunderts als Erster die gesamte Geschichte als umfassenden Rationalisierungsprozess interpretiert und die Modernisierung als dessen spezifische okzidentale (abendländische) Form in der Neuzeit begriffen hat. *Rationalisierung* meint, wie wir schon im I. Kapitel gesehen haben, im Prinzip durchaus „Vernünftigung", also die Umstellung einer Praxis von traditionaler auf rationale Orientierung: In vormodernen Zeiten war etwas richtig, einfach weil man es immer so gemacht hatte; in der Moderne aber ist richtig, wofür gute Gründe sprechen. Die moderne Basiszumutung ist also die der *rationalen Begründung* des individuellen Tuns ebenso wie der Gesellschaftsgestaltung, sei es vor sich selbst oder vor allen andern: „Die Moderne muss sich aus der einzigen Autorität, die sie übrig gelassen hat, stabilisieren, eben aus Vernunft."[34] Diese Rationalitätsorientierung erfährt in der Moderne in dreifacher Hinsicht eine epochale Radikalisierung:

- Sie öffnet sich – als kulturelle Modernisierung – konsequent zur Zukunft hin, indem sie die „Entzauberung der Welt"[35] betreibt, d. h. die aufklärerische Kritik aller überkommenen mythischen und

2. Fortschritt wohin? Moderne Verheißungen und epochale Sinnfragen

religiösen Deutungen des Weltverlaufs. Sie anerkennt als einzige Begründungsinstanz unserer Weltsicht (Theorie) und Handlungsorientierung (Praxis) nur mehr die Vernunft und pocht auf eine vernünftige Fortsetzung der Geschichte. Insofern ist Modernisierung radikale *Traditionskritik*.

- Sie hinterfragt – als gesellschaftliche und politische Modernisierung – überkommene gesellschaftliche Strukturen und politische Herrschaftsansprüche, indem sie auch für deren Gestaltung als einzige Autorität die (ethisch-politische) Vernunft anerkennt und von da aus den emanzipatorischen Horizont einer Gesellschaft freier, gleicher und mündiger Bürger entwirft. Insofern ist Modernisierung radikale *Gesellschaftskritik*.

- Sie entbindet – als technische und wirtschaftliche Modernisierung – bereichsspezifische funktionale Rationalitäten, indem sie Handlungs- oder Gesellschaftsbereiche wie Wissenschaft und Technik, (Privat-)Wirtschaft und (Staats-)Verwaltung fortschreitend aus den sonst im Lebensalltag geltenden Normen und Wertorientierungen herauslöst. Entlastet von den unmittelbaren normativen Ansprüchen der Lebenswelt und wissenschaftlich von sich entsprechend spezialisierenden Expertenkulturen gestützt, können solche funktionalen Rationalisierungsprozesse konsequent ihren jeweiligen „Eigensinn" entwickeln. Insofern ist Modernisierung radikale *Entfaltung von „Sachgesetzlichkeiten"*.

Die zuletzt angesprochene Versachlichung ist gleichbedeutend mit der Herausbildung *gesellschaftlicher (Sub-)Systeme*, in denen die Handlungskoordination von der unmittelbaren Orientierung der Akteure

I. Leitideen modernen Wirtschaftens

an lebenspraktischen *Sinn*zusammenhängen auf die mittelbare Orientierung an unpersönlichen *Funktions*zusammenhängen umgestellt ist.[36] So hat sich, wer sich im modernen (marktbasierten) *Wirtschaftssystem* behaupten will, eben an der erwerbswirtschaftlichen „Logik" der Kapitalverwertung zu orientieren, egal ob er über Finanz- oder Realkapital verfügt oder bloß sein Humankapital anzubieten hat. Im *staatlich-administrativen System* dominiert analog die „ohne Ansehen der Person"[37] ablaufende bürokratische „Logik" willkürfreier und deshalb rechtsstaatlich geregelter und stets aktenmäßig dokumentierter „Vorgänge". Und auch im *Wissenschaftssystem* fällt es Nachwuchskräften immer schwerer, sich der disziplinären Binnenlogik hochspezialisierter Fachwissenschaften und ihren auf unpersönliche und wertfreie Objektivität zielenden szientistischen Standards zu entziehen, wenn sie sich nicht ihre akademischen Laufbahnchancen verderben wollen; die unmittelbare lebenspraktische Relevanz wissenschaftlicher Ansätze zählt da kaum mehr, erst recht nicht, wenn sie außerhalb des jeweiligen disziplinären Mainstreams liegen ...

Mit andern Worten: Die „Sachgesetzlichkeiten" solcher etwas „eigensinnig" funktionierender gesellschaftlicher Teilsysteme haben die Tendenz zu einer nur aus ihrer Binnenlogik vorangetriebenen Eigendynamik, deren weitere Freisetzung nach außen gerne mit *Sachzwang*-Argumenten gerechtfertigt wird – sei dies vonseiten „Sachverständiger", die sich mit der jeweiligen „Sachlogik" distanz- und kritiklos identifizieren *(déformation professionnelle)*, oder sei es vonseiten gesellschaftlicher Gruppen, die davon unmittelbar profitieren, ihre sehr persönlichen Interessen aber lieber hinter einer unpersönlichen „Sachlogik" verbergen, wie wir bezüglich der (nicht ganz) „reinen" ökonomischen Rationalität schon in Abschnitt I.4 gesehen haben.

2. Fortschritt wohin? Moderne Verheißungen und epochale Sinnfragen

Allerdings lässt sich im immer vielfältigeren Wissenschaftsangebot heute praktisch zu jedem eine „Sache" befürwortenden Experten ein sie ablehnender Gegenexperte finden, der sich von jenem in der Regel weniger durch seine wissenschaftliche Fach- und Sachkompetenz als schlicht durch seine andere Weltanschauung und Werthaltung unterscheidet. Aufgrund entsprechender Erfahrungen mit „großen" Expertendebatten – beispielsweise zur Atomenergie, zur BSE-Krise in der Landwirtschaft, zur Gentechnik und immer wieder zu wirtschafts- und sozialpolitischen Fragen – ist einer breiten Öffentlichkeit längst klar, dass solche Werthaltungen mittels der gewählten Forschungsperspektiven und Forschungsleitfragen auf die Ergebnisse „wertfreier" wissenschaftlicher Studien weitgehend durchschlagen. Und diese Wertprämissen hängen meistens sehr direkt mit den gesellschaftspolitischen *Fortschrittsideen* ihrer Träger zusammen! Wohin's denn nun gehen soll, bleibt im Expertenstreit fast so unklar wie zuvor. Was wir als Fortschritt bezeichnen wollen, scheint keine Frage für Experten zu sein, sondern eine, die wir *als Bürgerinnen und Bürger* zu entscheiden haben.

2.2 „Der Geist des Kapitalismus" (Max Weber) und „die große Transformation" (Karl Polanyi)

Träger der Modernisierungsdynamik war von Anfang an das einst historisch „progressive" *Bürgertum*. Das frühmoderne städtische Bürgertum emanzipiert sich *wirtschaftlich*, als Kaufmannstum, aus überkommenen feudalwirtschaftlichen Strukturen. Das Bewusstsein der wirtschaftlichen Unabhängigkeit geht einher mit der *politischen* Befreiung der *Citoyens*, wie es im geflügelten Wort „Stadtluft macht frei!"

I. Leitideen modernen Wirtschaftens

zum Ausdruck kommt und zuerst in der Errichtung politisch unabhängiger Stadtstaaten als *Republiken* seinen Ausdruck findet, von Florenz und Venedig bis zu den Hansestädten. Wirtschaftliche und politische Liberalisierung gehen also vorerst Hand in Hand. Ihr gemeinsames Fundament ist wie erwähnt die kulturelle Modernisierung, also die Verflüssigung traditionaler Weltanschauungen, Lebens- und Gesellschaftsformen durch die Vernunftkritik.

Schon Kant hatte jedoch darauf hingewiesen, dass in der französischen Doppelbezeichnung des Bürgers als *Bourgeois* und *Citoyen* eine innere Spannung zum Ausdruck kommt.[38] Die Enttraditionalisierung birgt in Bezug auf das Verhältnis von Wirtschaft und Gesellschaft eine *Ambivalenz* in sich, die sich vor allem ab der zweiten Hälfte des 19. Jahrhunderts bemerkbar machte und deren epochale Entwicklung der berühmte Wirtschaftshistoriker Karl Polanyi als die (bis heute weltgeschichtlich voranschreitende) „große Transformation" bezeichnet hat.[39] Die zentrale Ambivalenz der gesellschaftlichen Modernisierung besteht im unklaren Verhältnis zwischen dem gesellschaftlichen und politischen Emanzipationsanspruch des *Citoyen* einerseits und dem wirtschaftlichen Emanzipationsanspruch des *Bourgeois* andererseits.

Was zunächst den *gesellschaftlichen und politischen Emanzipationsanspruch* betrifft, so kommt dieser im Programm der freiheitlich-demokratischen Gesellschaft zur Entfaltung, und das heißt im Kern: Eine legitime Gesellschaftsordnung ist nur noch denkbar als jene „Verfassung", die sich die Gemeinschaft der Bürger selbst gibt, und zwar in einem deliberativen Prozess (d.h. Beratschlagungsprozess), der unter der Kant'schen Leitidee des „öffentlichen Vernunftgebrauchs"[40] steht. Grundlegend für eine Bürgergesellschaft, eine *civil society*, ist der allgemeine Status aller Gesellschaftsmitglieder als freie, gleiche und mün-

2. Fortschritt wohin? Moderne Verheißungen und epochale Sinnfragen

dige Personen. Dieser egalitäre Kern der „moralischen Gleichheit"[41], wie die politische Philosophie und Ethik den modernen Anspruch auf gleiche Freiheit, gleiche Grundrechte und gleiche Lebenschancen aller nennt, ist deshalb der unverzichtbare Kernpunkt des *politischen Liberalismus*, des emanzipatorischen Programms der *Citoyens*. (Mehr dazu folgt in Kapitel 3.)

Dagegen kommt der *wirtschaftliche Emanzipationsanspruch* der Bürger als *Bourgeois* primär in der moralischen Enthemmung und institutionellen Entfesselung erwerbswirtschaftlicher Motive zum Ausdruck. Freigestellt wird dabei auf christlich-metaphysischem Hintergrund das eigennützige Vorteilsstreben der Individuen am „freien" Markt. Die *religiöse Schubkraft* des so nur im christlichen Abendland entstandenen Wirtschaftsethos gründet in der schöpfungstheologischen Vorstellung einer von Gott „prästabilierten Harmonie" (Leibniz) in der Welt. Der französische Ökonom Frédéric Bastiat (1801–1850) hat diese Vorstellung in seinem Werk „Harmonies économiques" (1849) in folgendem Credo ausgedrückt:

> „Ich glaube, dass Er, der die materielle Welt geordnet hat, auch die Ordnung der sozialen Welt nicht auslassen wollte. Ich glaube, dass Er die frei Agierenden ebenso zu kombinieren und in harmonische Bewegung zu setzen wusste wie die leblosen Moleküle. (…) Ich glaube, dass die unbesiegbare soziale Tendenz die einer konstanten Annäherung der Menschen an ein gemeinsames physisches, intellektuelles und moralisches Niveau ist, wobei dieses Niveau fortschreitend und unbegrenzt ansteigt. Ich glaube, es ist für die allmähliche und friedliche Entwicklung der Menschheit ausreichend, wenn diese Tendenzen ungestörte Bewegungsfreiheit erlangen."[42]

I. Leitideen modernen Wirtschaftens

An dieser von Gott eingerichteten Harmonie der „sozialen Weltordnung" hat auch der „freie" Markt Anteil, wenn man ihn nur wirken lässt. Denn:

„Wenn die göttlichen Gesetze harmonisch sind, so indem sie *frei* wirken, sonst wären sie nicht aus sich heraus harmonisch. Sofern wir einen Fehler in der Harmonie der Welt bemerken, kann er also nur mit einem Mangel an *Freiheit*, mit fehlender Gerechtigkeit, zusammenhängen."[43]

Der praktische Schluss ist für Bastiat nicht schwer zu ziehen:

„Unablässig und ohne Mitleid [sic!] sollen wir uns deshalb dafür einsetzen, den ganzen Bereich *privater Aktivität* freizusetzen vom Vordringen der [staatlichen, P. U.] Macht; allein unter dieser Voraussetzung werden wir die Freiheit oder das freie Spiel der harmonischen Gesetze gewinnen, die Gott für die Entwicklung und den *Fortschritt der Menschheit* bereitgestellt hat."[44]

Zum Vorschein kommt hier die religiöse Fortschrittsverheißung des *Wirtschaftsliberalismus*, der es sich zur Aufgabe macht, „störende" politische Eingriffe in die Harmonie des „freien" Marktes „ohne Mitleid" (mit den Verlierern?!) zu beseitigen. Die Konsequenz ist die bis heute anhaltende ungeheure Rationalisierungsdynamik der „frei wirkenden" Marktkräfte. Ihr ursprünglich christlicher, speziell calvinistisch-protestantischer Motivationskern lässt sich am prägnantesten mit einigen Zitaten Max Webers auf den Punkt bringen.[45] So verweist er auf die

2. Fortschritt wohin? Moderne Verheißungen und epochale Sinnfragen

„... Tatsache: dass die Protestanten (...) eine spezifische Neigung zum ökonomischen Rationalismus gezeigt haben, welche bei den Katholiken weder in der einen noch in der anderen Lage in gleicher Weise zu beobachten war und ist",

sowie auf die

„... auffallend häufige Erscheinung, dass aus Pfarrhäusern kapitalistische Unternehmer größten Stils hervorgehen."

Der tiefere Zusammenhang sei der einer in der religiösen, besonders der calvinistischen Erziehung vermittelten *„ethisch* gefärbten Maxime der Lebensführung", die den Kapitalismus als seine „geistige Triebkraft" vorantreibe:

„Es ist nicht nur ,Geschäftsklugheit', was da gelehrt wird, ... es ist ein Ethos, welches sich äußert."

Es sei nämlich

„... das ,summum bonum' dieser ,Ethik': der Erwerb von Geld und immer mehr Geld, unter strengster Vermeidung alles unbefangenen Genießens (...), so rein als Selbstzweck gedacht. (...) Der Mensch ist auf das Erwerben als Zweck seines Lebens, nicht mehr das Erwerben auf den Menschen als Mittel zum Zweck der Befriedigung seiner materiellen Lebensbedürfnisse bezogen."

Genau hier hat in der frühen abendländischen Moderne eine kulturgeschichtlich epochale, „für das unbefangene Empfinden schlechthin

I. Leitideen modernen Wirtschaftens

sinnlose Umkehrung des (...) ‚natürlichen' Sachverhalts" stattgefunden. Diese fundamentale Ziel-Mittel-Verkehrung macht den inneren Kern der großen Transformation und das zentrale „Leitmotiv des Kapitalismus" aus. Aus alldem ergibt sich als

> „... natürlich praktisch wichtigster Gesichtspunkt: die privatwirtschaftliche ‚*Profitlichkeit*'. Denn wenn jener Gott, den der Puritaner [d. h. amerikanische Calvinist, P. U.] in allen Fügungen des Lebens wirksam sieht, einem der Seinigen eine *Gewinnchance* zeigt, so hat er seine Absichten dabei. Und mithin hat der gläubige Christ diesem Rufe zu folgen, indem er sie sich zunutze macht."

Der *Geldsegen*, der dann beim wirtschaftlich Tüchtigen eintrifft, darf somit unmittelbar als gutes Zeichen für Gottes Segen gelten. So „verklärt (...) die providentielle [d. h. auf die göttliche Vorsehung abstellende, P. U.] Deutung der Profitchancen den Geschäftsmenschen". Somit durfte, ja musste sich der darauf setzende wirtschaftliche Liberalismus geradezu von Gott „berufen" fühlen, in der Welt mit der frohen Botschaft des freien Marktes zu „missionieren". Sie eignete sich nämlich bestens, um die nicht ganz uneigennützigen und nicht ganz unparteilichen wirtschaftlichen Interessen des Bürgertums als gottgewollt und damit über jede Gesellschaftskritik erhaben zu rechtfertigen. Mit Alexander Rüstow auf den Punkt gebracht:

> „Denn wenn der wirtschaftliche Eigennutz auf geheimnisvolle Weise einen unmittelbaren göttlichen Auftrag besitzt, von Gottes unsichtbarer Hand selbst geleitet wird, so hat er es schließlich nicht mehr nötig, sich von Menschen ethisch kontrollieren und einschränken zu lassen."[46]

2. Fortschritt wohin? Moderne Verheißungen und epochale Sinnfragen

Kapitalismuskritik konnte nun geradezu unter den diskreditierenden religiösen Verdacht des Ketzertums gestellt werden, soweit sie sich anmaßte, das segensreiche Wirken der im Marktmechanismus vermuteten „unsichtbaren Hand"[47] Gottes in Frage zu stellen. Mit Adam Smith ließ sich erwidern:

„Die Verwaltung des großen Systems des Universums, die Sorge für die allgemeine Glückseligkeit aller vernünftigen und fühlenden Wesen, ist indessen das Geschäft Gottes und nicht das des Menschen."[48]

Wenn also der freie Markt Anteil an Gottes wohlgeordneter Schöpfung hat, so müssen die Kritiker der kapitalistischen Marktwirtschaft, die mehr soziale Gerechtigkeit fordern, ganz einfach des Teufels sein...[49] Wen wundert's, dass der latent den Markt vergötternde Wirtschaftsliberalismus bald einmal mit dem politischen Liberalismus in Konflikt geraten musste. Dessen aufklärerischem Programm der moralischen Gleichheit und des „öffentlichen Vernunftgebrauchs" der Bürger fehlt jedoch ein vergleichbares (krypto-)religiöses Pathos. Allerdings kann der Marktliberalismus aus sich allein heraus den Status gleichberechtigter Bürger nicht gewährleisten, vielmehr setzt er ihn schon voraus. Insofern kann er den politischen Liberalismus nicht *gänzlich* über Bord werfen; er muss also die ihm gegenüber bestehende Spannung irgendwie aushalten, wenn er ethisch und politisch tragfähig bleiben will.

Auf die nicht ganz einfachen Zusammenhänge eines wohlgeordneten Verhältnisses von Bürgerfreiheit und Marktfreiheit werden wir in Kapitel 3 vertiefend eingehen. Hier befassen wir uns vorerst mehr mit den großen Linien der modernisierungsgeschichtlichen Dynamik. Und diesbezüglich ist zu konstatieren, dass der Wirtschaftsliberalismus ab der zweiten Hälfte des 19. Jahrhunderts sich vom politischen Liberalismus de facto abspaltete, als sozial *desintegrative* (d. h. den gesellschaftlichen Zusammenhalt in Frage stellende) Folgen des marktwirtschaftlichen Wettbewerbs in Form der so genannten „sozialen Frage" manifest und politisch virulent wurden, nämlich in den prekären Lebenslagen und Existenzproblemen der Verlierer des Wettbewerbs. Die Liberalen hielten an der marktmetaphysischen Überzeugung fest, „dass die notwendige soziale Integration unter allen Umständen innerhalb der Wirtschaft selber erfolgen müsse", und „sahen nicht die soziologische Notwendigkeit, den Markt durch Integration anderer Art einzurahmen"[50]. Stattdessen ließ das einst progressive liberale Bürgertum den emanzipatorischen Anspruch des gleichen Status freier Bürger für alle weitgehend fallen. Fortan überließ es den emanzipatorischen Kampf großenteils neuen gesellschaftlichen Kräften, insbesondere der Arbeiterbewegung und der Sozialdemokratie, und wurde zwecks Verteidigung seiner wirtschaftlichen Interessen und Privilegien zu einer politisch konservativen Kraft.

Dabei bildete sich gleichsam ein ideologischer Teufelskreis: Je mehr die sozialen *Tatsachen*, d. h. die sich innerhalb und zwischen den Volkswirtschaften „erbarmungslos" öffnenden Einkommens- und Vermögensscheren, das segensreiche Wirken der „unsichtbaren Hand" und die Botschaft des „Wohlstands für alle dank Wachstum" Lügen straf(t)en, umso unentbehrlicher wurde und wird die *wirtschaftsliberale Gemeinwohlideologie*, um die Preisgabe des politisch-liberalen Ideals sich selbst und der Öffentlichkeit nicht eingestehen zu müssen. In dieser Tradition steht heute noch immer – und mehr denn je – der marktradikale Neoliberalismus, wie er sich seit *Thatcherism* und *Reagonomics* in den 80er und 90er Jahren des 20. Jahrhunderts politisch mehr oder

2. Fortschritt wohin? Moderne Verheißungen und epochale Sinnfragen

weniger erfolgreich etabliert hat. Im Zeichen des Sachzwangarguments des globalen Standortwettbewerbs wurde der „ökonomische Rationalismus" (Max Weber) nun erst recht zum *politischen Ökonomismus*, d. h. zum nicht mehr bloß wirtschafts-, sondern gesellschaftspolitischen Programm: Das „Marktprinzip" wird zum obersten gesellschaftlichen Organisationsprinzip schlechthin verklärt – es geht nicht mehr um eine ethisch-politisch eingebundene Markt*wirtschaft*, sondern um eine totale Markt*gesellschaft*. Diesen zum Glück noch nirgends voll realisierten Endzustand der „großen Transformation", die real in Gang ist, hat Karl Polanyi in folgendem schlichten Satz auf den Punkt gebracht, der geradezu als Definition des politischen Ökonomismus gelten kann:

> „Die Wirtschaft ist nicht mehr in die sozialen Beziehungen eingebettet, sondern die sozialen Beziehungen sind in das Wirtschaftssystem eingebettet."[51]

Die politischen Ökonomisten verstehen das natürlich nicht als ein Problem, sondern eher als die Lösung fast aller gesellschaftlichen Probleme, und sie arbeiten daher tatkräftig an der Vollendung des Werks, beispielsweise auf der Ebene der Welthandelsorganisation (WTO). Diese hat durchaus eine wichtige wettbewerbspolitische Funktion, wie wir in Kapitel 6 noch sehen werden. Gleichwohl handelt es sich beim politischen Ökonomismus um eine von Grund auf „falsche Verheißung" – so nennt es ausgerechnet einer, der den marktradikalen Neoliberalismus nicht nur als Ökonomieprofessor an der reputierten London School of Economics gelehrt, sondern anfangs der 1980er Jahre als „Cheftheoretiker" von Premierministerin Margaret Thatcher auch in die Politik umgesetzt hat, nämlich John Gray.

2.3 „Die falsche Verheißung" (John Gray)

Inzwischen betreibt John Gray – auch sich selbst gegenüber – die schonungslose „Entzauberung" (Max Weber) dieser falschen Verheißung.[52] Das Kernübel lässt sich nach Gray in Analogie zum uralten Gresham'schen Gesetz der Nationalökonomie umschreiben, demzufolge schlechtes Geld tendenziell gutes Geld verdrängt. Gray sagt nun:

> „Auf dem freien Weltmarkt lässt sich eine Variante dieses Gesetzes beobachten: Schlechte Formen des Kapitalismus verdrängen gute."

Mit „guten" Formen oder Modellen des Kapitalismus meint Gray etwas pauschal die sozialen Marktwirtschaften kontinental-europäischer Provenienz. Diese hätten, so Gray, unter den Bedingungen weitgehend deregulierter globaler Märkte von vornherein einen Wettbewerbsnachteil, der sie zu einer Harmonisierung ihrer sozialen und ökologischen Standards nach unten zwinge, solange sich der internationale Standortwettbewerb „nach den amerikanischen Regeln eines weltweiten Laissez-faire" richte. Wer annimmt, im globalen Wettbewerb habe jedes Wirtschaftsmodell die gleichen Gewinnchancen, der irrt sich. Der Grund ist leicht einzusehen, auch wenn Gray den Unterschied zwischen den konkurrierenden ordnungspolitischen Modellen vielleicht etwas überzeichnet:

> „In den sozialen Marktwirtschaften tragen die Unternehmen gesellschaftliche Kosten. Sie sind Institutionen, die den Zusammenhalt der Gemeinschaft, in der sie wirken, gewöhnlich nicht gefährden. Sobald man aber auf freien Märkten operieren muss, werden alle gesellschaftlichen Kosten zur Last. Amerikanische Fir-

2. Fortschritt wohin? Moderne Verheißungen und epochale Sinnfragen

men haben denn auch nur wenige solche Verpflichtungen. (…) Auf einem Weltmarkt mit Freihandelsbedingungen können sich – unter sonst gleichen Voraussetzungen – nur solche Unternehmen durchsetzen, die geringe Lohn- bzw. Lohnnebenkosten und eine ebenso geringe Steuerbelastung haben."

Es handelt sich hier um nichts anderes als um jene strukturelle „Parteilichkeit der Sach(zwang)logik des Marktes", die wir schon in Abschnitt I.4 bemerkt haben, jetzt einfach bezogen auf den Wettbewerb der Rahmenordnungen ganzer Volkswirtschaften. Dieser Wettbewerb ist eben – in den schlichten Worten Grays – parteilich zugunsten „schlechter" und zulasten „guter" Rahmenordnungen, gut natürlich im Sinn ihrer Lebens- und Gesellschaftsdienlichkeit, nicht der rein ökonomischen (betriebswirtschaftlichen) Effizienzorientierung, unter der die Qualifikationen genau umgekehrt erscheinen. Infolge dieser strukturellen Parteilichkeit des Wettbewerbs der Rahmenordnungen kommt es nach Gray tendenziell – d. h. soweit die Sache der „Logik des freien Marktes" überlassen wird – zu folgender ordnungspolitischer Fehlentwicklung:

> „Ein freier Weltmarkt tendiert dazu, Kosten zu ‚externalisieren', während besser organisierte Wirtschaftssysteme diese ‚internalisieren'."

Auch John Gray bezieht sich übrigens ausdrücklich auf Karl Polanyi, indem er ihn (leicht abgewandelt) wie folgt zitiert:

> „Der Ursprung der Katastrophe liegt im utopischen Bemühen des ökonomischen Liberalismus, ein selbstreguliertes Marktsystem zu errichten."

I. Leitideen modernen Wirtschaftens

Während die Befürworter einer grenzenlosen Globalisierung der Weltwirtschaft noch immer die These vertreten, die zahlreichen und teilweise schwerwiegenden Indizien der bestehenden und sich größtenteils weiter verschärfenden sozialen und ökologischen, humanitären und entwicklungspolitischen Missstände auf der Welt seien die Folge von *zu wenig* freiem Markt und müssten deshalb durch *mehr Markt* kuriert werden, wächst inzwischen doch unaufhaltsam die Zahl kritischer Zeitgenossen, welche der marktmetaphysischen Gemeinwohlfiktion zu misstrauen beginnen. Auch wenn die meisten von ihnen deswegen noch nicht gleich mit den manifesten Globalisierungsgegnern anlässlich der Weltwirtschaftsgipfel in Seattle, Québec, Genua usf. mitmarschieren, ist eigentlich längst klar, dass es sich hier um Vorzeichen eines beginnenden *weltinnenpolitischen* Kampfs handelt. Es geht in dieser Auseinandersetzung um nicht mehr und nicht weniger als um die epochale Weichenstellung, ob im 21. Jahrhundert die „freien" Weltmärkte über die Politik dominieren sollen oder umgekehrt der Primat der Politik vor der Logik des Marktes wiederhergestellt werden soll.

Die gängige Sachzwangrhetorik ist bekannt: Sie mahnt uns an, gefälligst jeden „notwendigen" gesellschaftspolitischen Preis zu zahlen, um im internationalen Standortwettbewerb „unseren" Wohlstand zu sichern. Unterschwellig werden Ängste des drohenden Besitzstandsverlusts suggeriert. Nehmen wir als Beispiel etwa das Mitte der 90er Jahre des vergangenen Jahrhunderts in der Schweiz viel diskutierte, von prominenten Wirtschaftsführern und Ökonomen verfasste Weißbuch „Mut zum Aufbruch", in dem es schon im Vorwort hieß, es tue die „Einsicht" Not,

„... dass Wettbewerbsfähigkeit nicht nur für die Unternehmer, sondern auch für den Staat eine permanente [und offenbar vor-

2. Fortschritt wohin? Moderne Verheißungen und epochale Sinnfragen

rangige, P. U.] Herausforderung ist. Bestehende Positionen können je länger, desto weniger als gesichert betrachtet werden. Wir brauchen einen neuen Gründergeist, eine Mentalität der Öffnung, des Wettbewerbs und der Innovation, um unsere internationale Wettbewerbsfähigkeit erhalten und stärken zu können."[53]

Das versteht inzwischen jedermann: Sei clever und mach dich als dein eigener „Lebensunternehmer" schön fit für den Wettbewerb, dann geht's dir gut! Mehr Markt und Wettbewerb, mehr Leistungsdruck und dementsprechende Effizienzsteigerung sowie Wirtschaftswachstum sind bedingungs- und grenzenlos zu begrüßen – als das Generalrezept des Fortschritts. Deshalb empfehlen uns die Autoren des „Weißbuchs" auffallend eindringlich einen „tiefgreifenden *Mentalitätswandel* im Sinne der Abkehr vom Besitzstandsdenken sowie einer nachhaltig erhöhten Leistungsbereitschaft":

„An die Stelle von Selbstzufriedenheit und Abwehrhaltungen müssen Leistungswille und Bereitschaft zu Innovation und Wettbewerb treten."

Nicht weniger als dreimal (S. 10, 28, 77) wird in dem schmalen Weißbuch dieser „Mentalitätswandel" nachdrücklich eingefordert. In die Köpfe hinein muss offenbar die Wettbewerbsmentalität – ein gigantisches, aus geistesgeschichtlicher Perspektive allerdings keineswegs besonders innovatives pädagogisches (Fortschritts-)Programm!

Weniger klar ist hingegen, für welche Fortschrittsideen denn eigentlich jene eintreten, die sich auf die neoliberale Vision *nicht* einlassen wollen. Sind sie einfach nur *dumm*, weil sie nicht begreifen, was

I. Leitideen modernen Wirtschaftens

im heutigen Standortwettbewerb Sache ist, oder schlicht zu *faul*, sich diesem Wettbewerb zu stellen? Das mag in Einzelfällen der Fall sein. Aber es gibt eben auch gute Gründe für Widerspruch gegen die endlose Ökonomisierung aller Lebensbereiche und der ganzen Welt, die in sich den Keim des Fortschritts zu einer höher entwickelten Gesellschaft im Sinne der ursprünglichen emanzipatorischen Ideale des Bürgertums tragen. Als vielleicht prominentester Zeuge für ein solches alternatives Fortschrittsdenken bietet sich einer der größten Ökonomen des 20. Jahrhunderts, John Maynard Keynes, an.

2.4 „Die ökonomischen Chancen unserer Enkelkinder" – Der Traum von John Maynard Keynes

In seinem Essay „Economic Possibilities for Our Grandchildren"[54] (1930) entwarf kein Geringerer als Keynes das Leitbild einer wirklich fortgeschrittenen Volkswirtschaft für die Zeit etwa ein Jahrhundert später, also etwa 2030. Dank der bis dahin erreichten Produktivität werde das ökonomische Produktions- und Versorgungsproblem der Gesellschaft, nämlich die Beseitigung des Mangels an benötigten Gütern, im Prinzip gelöst und – bei schließlich noch etwa 15 Wochenarbeitsstunden – der Lebensstandard etwa acht mal höher als damals sein. Das übersteigerte Gelddenken („the love of money as a possession") könne dann im Lebensalltag wieder auf seine angemessene Rolle als bloßes Mittel des guten Lebens schrumpfen, statt dass der Geldbesitz wie im besitzbürgerlichen Denken nahezu als dessen Inbegriff gilt. Damit würde der Kapitalismus – im puren Gegensatz zum Mentalitätswandels-Postulat der „Weißbuch"-Autoren – *mental*

2. Fortschritt wohin? Moderne Verheißungen und epochale Sinnfragen

seinem gelegentlichen Ende zuneigen. Das Wirtschaften würde zur Nebensache, und die Menschen könnten einen immer größeren Teil ihrer (letztlich ja ebenfalls „knappen") Lebenszeit und -energie der Perfektionierung ihrer Lebenskunst statt dem wirtschaftlichen Existenzkampf widmen: ihrer Bildung und kulturellen Entfaltung, der Pflege sozialer Beziehungen usw. usf.

Die attraktive, im guten Sinne zeitgemäße und durchaus moderne Fortschrittsidee des Keynes'schen Typs zielt also auf die sukzessive *Emanzipation* der Menschen aus den lästigen Notwendigkeiten des teilweise doch eher eigenwertarmen „Arbeitslebens", wie es etwa der englische Begriff *labour* (lat. labor = Mühsal!) noch ausdrückt. Genau diese Idee gibt letztlich der weiteren Produktivitätssteigerung in den „fortgeschrittenen" Industrieländern ihren zukünftigen lebenspraktischen Sinn und das Maß vor. Die Vision, die in dieser Fortschrittsidee steckt, könnte man in Anlehnung an einen anderen, noch lebenden Vordenker, André Gorz[55], als eine *Kulturgesellschaft der befreiten Zeit* bezeichnen.

Ein solcher emanzipatorischer Entwurf einer *Ökonomie der Lebensfülle* (statt der bloßen Güterfülle) achtet die materiellen Grundlagen des guten Lebens keineswegs gering; er wendet sich nur gegen die irgendwann sinnwidrig werdende Perpetuierung einer *Ökonomie der Lebensnot*, für die das Ziel der Gütervermehrung dermaßen im Vordergrund steht, dass hartes Arbeiten, Produktivitätssteigerung und Wirtschaftswachstum vordringlich vor fast allen anderen Aspekten erscheinen. Warum harren wir eigentlich – zumindest als gesellschaftliche Norm – in der „konservierten Lebensform einer Ökonomie der Armut"[56] aus, *als ob* selbst in den wirtschaftlich fortgeschrittensten Ländern die Vermehrung der verfügbaren Lebensmittel im weiteren Sinn des Begriffs[57] noch immer das Dringlichste zur Sicherung

I. Leitideen modernen Wirtschaftens

unseres Überlebens wäre? Besteht das makroökonomische Problem nicht längst eher in der Vermarktung des *zu viel* Produzierten?! Drängt sich nicht mit Habermas heute mehr denn je die Frage auf,

> „… warum das Leben des Einzelnen trotz des hohen Standes der technologischen Entwicklung nach wie vor durch das Diktat der Berufsarbeit, durch die Ethik des Leistungswettbewerbs, durch den Druck der Statuskonkurrenz, durch Werte der possessiven Verdinglichung und der angebotenen Surrogatbefriedigungen bestimmt ist, warum der institutionalisierte Kampf ums Dasein, die Disziplin der entfremdeten Arbeit (…) aufrechterhalten werden."[58]

Was die „Surrogatbefriedigungen" betrifft: Längst müssen wir doch gemäß der Logik des Marktes fortlaufend mehr konsumieren, damit mehr produziert werden kann – statt wie ursprünglich umgekehrt. Die grenzenlose Steigerung des Konsums und dessen Übersteigerung zum Hauptinhalt des guten Lebens, zum *Konsumismus*, ist nur die Kehrseite des industrialistischen *Laborismus*, der Verherrlichung beliebiger, noch so eigenwertarmer Arbeit. Beides gehört untrennbar zu dem in die Jahre gekommenen *industrial way of life* (lat. industria = Fleiß!). Konsum macht uns – über die eingesetzte Arbeitszeit zum Erwerb der benötigten Kaufkraft hinaus – selbst wiederum viel „Konsumarbeit"[59] der oft wenig genussreichen Beschaffung, Aufbereitung, Pflege und schließlich Entsorgung von Gütern; er versagt uns ab einer gewissen Menge das Erleben und Erproben unserer humanen Fähigkeiten in aktivem Tätigsein; er macht uns passiv und *enttäuscht* uns daher auf die Länge. So kann er nicht einmal die Frustrationen des Laborismus kompensieren, die wir um unseres Konsumniveaus willen „gezwungenermaßen" in Kauf nehmen. Nur *maßvoll* genossen

2. Fortschritt wohin? Moderne Verheißungen und epochale Sinnfragen

kann er daher wirklich zum guten Leben beitragen. Kurz und gut: Ein Themenwechsel des Fortschritts steht an! Eine sinnvolle Nutzung des nach wie vor rasanten Produktivitätsfortschritts (von etwa 1–3 % pro Jahr) als bloß zum quantitativen Wirtschaftswachstum drängt sich also eigentlich gerade für die wahren Freunde des Fortschritts eher über kurz als über lang auf. Nach dem *Güterwohlstand* müsste zunehmend auch der *Zeitwohlstand* als lebensdienliche Nutzung der wachsenden Produktivität in den Vordergrund treten.[60] Egal ob wir den Preis für die einseitige Maximierung unseres Güterwohlstands in Form von beruflicher Überlastung und Hetze oder von „Konsumstress" bezahlen – ein gefüllter Terminkalender bedeutet noch kein erfülltes Leben. Von daher sind der immer öfter vernehmbare Ruf nach einer „neuen Langsamkeit"[61] und das wachsende Interesse an „Lebensformen gegen die Hast"[62] oder an der „Kunst, weniger zu arbeiten"[63], zu verstehen.

Allerdings sollte dabei nicht vergessen werden, dass heute die *Verteilung* des Wohlstands innerhalb und zwischen den einzelnen Ländern so extrem ungleich ist, dass das primäre Ziel im Sinne einer Ökonomie der Lebensnot, die Beseitigung existenziellen Mangels, noch lange nicht für alle Menschen verwirklicht ist. Spätere Generationen werden es vermutlich (und hoffentlich!) kaum mehr verstehen können, weshalb unser Zeitgeist diesbezüglich so wenig sensibel und so wenig solidaritätsbereit war – ähnlich wie wir uns heute vielleicht wundern, warum frühere Generationen einst die Sklaverei und vor noch nicht allzu langer Zeit die südafrikanische Apartheidpolitik befürworten konnten oder für Tierschutzfragen nur geringes Verständnis zeigten.

Lassen wir uns an diesem Punkt vorerst aus dem Keynes'schen Traum zurück in die nicht ganz so schöne Realität holen. Keynes hat

I. Leitideen modernen Wirtschaftens

sich mit seiner Vision, die er als Prognose für seine Enkelkinder gemeint hat, arg vertan! Die Härten des Existenzkampfs, d. h. der individuellen Selbstbehauptung im Arbeits- oder Dienstleistungsmarkt, sind für die meisten Menschen inzwischen kaum geringer geworden. Viele arbeiten heute intensiver und extensiver als je zuvor, ganz zu schweigen von dem wachsenden Anteil jener, die nicht mehr mithalten können und vom Markt die rote Karte erhalten, auf der steht: „Sorry, not competitive enough!" Von einer Kulturgesellschaft der befreiten Zeit ist trotz des atemberaubenden Produktivitätsfortschritts und Wirtschaftswachstums seit 1930, also seit Keynes seine Prognose formulierte, wenig zu sehen. Weshalb hat sich der gute Mann so sehr geirrt?

Man wagt es kaum zu sagen, aber die Antwort kann nur heißen: Keynes hat offenbar nicht wirklich begriffen, was Wettbewerb ist, weil er die strukturelle Parteilichkeit des Marktes für diejenigen, die „marktkonform" handeln und leben, nicht beachtet hat. Zu seiner Entschuldigung können wir immerhin vorbringen, dass er die Globalisierung und ihren zentralen Effekt, die *Aushebelung des Primats der Politik vor dem Markt*, kaum voraussehen konnte.

Keynes hat natürlich darauf gesetzt, dass die (nationale) Politik den sinnvollen Umgang mit der steigenden Produktivität sichern würde, und dies durchaus zu Recht. Die Früchte der volkswirtschaftlichen Produktivitätssteigerung können eben nur politisch in anderer Form als dem Mehr-vom-Bisherigen geerntet werden. Und das heißt: Ein Ausbruch aus der Ökonomie der Armut ergibt sich niemals von selbst als „natürliches" Resultat des Produktivitätsfortschritts und Wirtschaftswachstums, sondern immer nur als Ergebnis seiner *bewusst kultivierten und gerecht organisierten* gesellschaftlichen Nutzung – oder kürzer: als Ergebnis einer ethisch-politischen *Gestaltung* der Marktwirtschaft.

2.5 „Das stahlharte Gehäuse des siegreichen Kapitalismus" – Die Befürchtung Max Webers

Damit wird noch einmal klar, dass der Liberalismus letztlich nur als politischer Liberalismus sein emanzipatorisches Fortschrittsprogramm einlösen kann, sei es hierzulande oder erst recht in (eher fehl- als bloß unterentwickelten) Drittweltländern. Ob dort oder hier, das Programm eines puren Wirtschaftsliberalismus trägt zur Überwindung der „konservierten Lebensform einer Ökonomie der Armut" (Habermas) wenig bei. Denn die fortwährende Deregulierung der Märkte und Intensivierung des Wettbewerbs *steigert* bloß den Tatbestand, dass der „freie" Markt für diejenigen, die sich in ihm behaupten müssen, ein lebenspraktischer *Zwangszusammenhang* ist, wie wir in Abschnitt I.4 schon gesehen haben. Um das nochmals mit Max Weber, dem großen Theoretiker des geschichtlichen Rationalisierungs- und Modernisierungsprozesses, prägnant auf den Punkt zu bringen:

> „Die heutige kapitalistische Wirtschaftsordnung ... *zwingt* dem Einzelnen, soweit er in den Zusammenhang des Marktes verflochten ist, die *Normen* seines wirtschaftlichen Handelns auf. Der Fabrikant, welcher diesen Normen entgegen handelt, wird ökonomisch ebenso unfehlbar *eliminiert*, wie der Arbeiter, der sich ihnen nicht anpassen kann oder will, als Arbeitsloser auf die Straße gesetzt wird."[64]

Mit andern Worten: Es besteht im Markt ein struktureller *Zwang zum Erfolg*:

> „Wer sich in seiner Lebensführung den Bedingungen kapitalistischen Erfolgs nicht anpasst, geht unter oder kommt nicht hoch."

I. Leitideen modernen Wirtschaftens

Der Markt *erzieht* die Akteure gleichsam zu einer „kalkulatorischen Lebensform"[65]. Deshalb konnte David de Pury, der Initiant des neoliberalen Weißbuchs „Mut zum Aufbruch", in geradezu marxistisch anmutender Dialektik formulieren:

> „Ziel *muss* sein, der Beste sein zu *wollen*. (...) Nicht alle können gewinnen, aber alle können es versuchen."[66]

Wollen und Müssen sind hier zur Identität erklärt – etwas merkwürdig für eine Doktrin, die sich als Inbegriff liberalen Denkens versteht, oder nicht? Schon Max Weber hat das vorweggenommen und die drohenden Konsequenzen ziemlich klar gesehen:

> „Der Puritaner *wollte* Berufsmensch sein, – wir *müssen* es sein. Denn indem die Askese aus den Mönchszellen heraus in das Berufsleben übertragen wurde und die innerweltliche Sittlichkeit zu beherrschen begann, half sie (...) jenen mächtigen Kosmos der modernen (...) Wirtschaftsordnung erbauen, der heute den Lebensstil aller Einzelnen, die in dies Triebwerk hineingeboren werden (...), mit überwältigendem Zwange bestimmt und vielleicht bestimmen wird, bis der letzte Zentner fossilen Brennstoffs verglüht ist."[67]

Weber sah im „siegreichen Kapitalismus" das „stahlharte Gehäuse" einer neuen „Hörigkeit" heraufkommen, indem „die äußeren Güter dieser Welt zunehmende und schließlich unentrinnbare Macht über den Menschen wie niemals zuvor in der Geschichte" gewinnen würden, bis am Ende „die Ansprüche des ethischen Postulats: dass die Welt ein (...) irgendwie *sinnvoll* orientierter Kosmos sei"[68], gegen-

2. Fortschritt wohin? Moderne Verheißungen und epochale Sinnfragen

standslos wären. Am Ende dieses Prozesses, in der totalen Marktgesellschaft, hätte sich dann zugleich die Idee der *Freiheit* überholt. Wer ist nun am Ende der bessere Sozialökonom, der pessimistische Weber oder der optimistische Keynes? Nun, die Geschichte und damit die Frage bleibt offen. Denn wie die Geschichte herauskommen wird, ist kein prognostisch-theoretisches, sondern ein *praktisches* Problem: Sind wir fähig als demokratische Gesellschaft, den *politischen Willen* zu entwickeln, mit den produktiven Mitteln, über die wir heute verfügen, etwas lebenspraktisch Vernünftiges anzufangen oder nicht? Wie kann es gelingen, statt einer eindimensional gewordenen ökonomischen Rationalisierungsdynamik eine ethisch-politisch reflektierte Modernisierung zu ermöglichen? Und welches sind die politischen Voraussetzungen einer Modernisierung, die sich nicht in der sinn- und gerechtigkeitsblinden Vermehrung der Lebens*mittel* erschöpft, sondern möglichst alle Menschen *real frei* macht, gleichberechtigt ihren je eigenen Entwurf des guten Lebens verfolgen zu können, sei dieser mehr auf materielle Konsumziele oder mehr auf immaterielle Werte ausgerichtet?

Dies zu klären erfordert ein Stück politisch-philosophischer Arbeit am Begriff der Freiheit und an einem Gesellschaftsleitbild, das die Qualifikation „freiheitlich" zu Recht in Anspruch nimmt. Dem widmen wir uns im folgenden Kapitel.

3. Marktfreiheit oder Bürgerfreiheit? Die Freiheit, die wir meinen ...

Erinnern wir uns: Vernunft, Fortschritt und Freiheit – das sind die drei großen aufklärerischen Ideen, unter denen die moderne Gesellschaft sich entwickelt hat. Als deren Fahnenträger hat sich zumeist jenes Bürgertum betrachtet, das sich als „liberal" verstand und versteht. Aber welche Freiheit ist damit genau gemeint? Indem wir das Liberalismusverständnis über die vorangegangene geistesgeschichtliche Perspektive hinaus politisch-philosophisch durchleuchten, arbeiten wir uns im Folgenden zum Kern des bürgerlichen Wirtschaftsethos vor.

Wir gehen dabei so vor, dass wir als Erstes sogleich nach der Essenz des *liberalen Prinzips* fragen (3.1). Es wird sich rasch zeigen, dass eine wahrhaftig freiheitliche Gesellschaft ein höchst anspruchsvolles politisches Projekt ist, das sich nicht auf das Rezept des „freien" Marktes reduzieren lässt. Dementsprechend sind zwei grundlegend verschiedene Liberalismuskonzepte zu unterscheiden – ein ökonomisches und ein politisches –, wobei aber nur der politische Liberalismus auf einem philosophisch tragfähigen Freiheitsbegriff beruht. Es gilt also die grundlegenden ökonomistischen Verkürzungen eines puren Marktliberalismus zu erhellen (3.2). Danach stellen wir ihm ein Leitbild gegenüber, das wir aus Gründen, auf die später eingegangen wird, als *republikanischen Liberalismus* bezeichnen (3.3). Es folgen einige Gedanken zu den sozioökonomischen Voraussetzungen einer „anständigen" Gesellschaft, in der die Freiheit für alle Bürger real lebbar ist (3.4). Schließlich werden wir fragen, welche wirtschaftsethischen Konsequenzen sich daraus ergeben, und die prinzipielle Antwort wird lauten: Neue Wirtschaftsbürgerrechte tun Not (3.5).

3. Marktfreiheit oder Bürgerfreiheit? Die Freiheit, die wir meinen ...

3.1 Das liberale Prinzip

Als „liberal" bezeichnet sich fast jedermann gerne. Zweifellos haben wir es hier mit einem Schlüsselbegriff der Moderne zu tun. Der Begriff signalisiert geistige Offenheit, Autonomie und Unabhängigkeit oder eben innere (geistige) und äußere (gesellschaftliche) Freiheit. *Liberalismus* als ernsthafte Wirtschafts- und Gesellschaftsphilosophie fragt vor allem nach den äußeren, also gesellschaftlichen und politischen Bedingungen der individuellen Freiheit. Es geht dem Liberalismus dabei um die *allgemeine Freiheit*, d.h. die prinzipiell gleiche, real lebbare Freiheit aller. Oder ökonomisch ausgedrückt: Freiheit ist ein kostbares öffentliches Gut.

Ein solcher philosophischer Freiheitsbegriff hat wenig zu tun mit jenem vulgären Pseudoliberalismus, der, wenn er „Freiheit" sagt, das voraussetzungs- und grenzenlose Recht meint, tun und lassen zu können, was einem passt – also Willkürfreiheit. Diese läuft schlicht auf das Recht der Stärkeren hinaus, ihre eigenen Interessen ohne Rücksicht auf die Schwächeren zu verfolgen. Das Ergebnis wäre nicht eine freiheitliche Gesellschaft, sondern Anarchie, also ein rechtloser Zustand, in dem das pure *Machtprinzip* herrscht und die Schwächeren auf der Strecke bleiben. Um es bildlich auszudrücken: Die formal gleiche Freiheit für Fuchs und Henne im Hühnerstall kann bekanntlich sehr ungleiche reale Folgen für die beiden haben ...

Das wohlverstandene *liberale Prinzip* steht demgegenüber für den erwähnten universalistischen Anspruch der allgemeinen Freiheit, und das heißt: Die Freiheit des Einen findet ihre legitime Grenze in der *gleichen* Freiheit der Anderen. Diese allgemeine Freiheit entsteht nicht zufällig oder von selbst, sondern ist politisch konstituiert, beruht also auf einer (demokratisch legitimierten) freiheitlichen *Verfassung* und damit auf dem *Rechtsprinzip*, nicht auf dem anarchischen Machtprinzip. Daraus ergeben sich gleich mehrere Definitionsmerkmale einer wohlverstandenen liberalen Gesellschaft:

a) Freie Personen sind frei als freie Bürger einer staatlich verfassten Gesellschaft, also kraft ihrer *Bürgerrechte*. Diese umfassen nach der klassischen Dreiteilung von Marshall[69] Persönlichkeitsrechte, Staatsbürgerrechte und sozioökonomische Rechte (Abb. 6). Auf die inneren Zusammenhänge zwischen diesen Grundrechtskategorien, die man geschichtlich auch als drei Generationen von Grundrechten betrachten kann, kommen wir schrittweise zurück.

Kategorie von Menschen- bzw. Bürgerrechten	Dimension moralischer Gleichheit	Dimension der wohlgeordneten Gesellschaft
Persönlichkeitsrechte (Freiheits-, Abwehr-, Zugehörigkeitsrechte)	private Autonomie und selbstbestimmte kulturelle Zugehörigkeit	liberaler Rechtsstaat
Staatsbürgerrechte (politische Teilnahmerechte)	politische Partizipation an der „Res publica"	Demokratie
Wirtschaftsbürgerrechte (sozioökonomische Existenz- und Teilhaberechte)	sozioökonomische Existenzgrundlagen und Lebensbedingungen (*reale* Freiheit)	Sozialstaat

Abb. 6: Kategorien von Menschen- und Bürgerrechten

3. Marktfreiheit oder Bürgerfreiheit? Die Freiheit, die wir meinen ...

b) Innerster Kern der liberalen Persönlichkeitsrechte ist die *„Unantastbarkeit" der Person* in ihrer humanen Würde, ihrer körperlichen und psychischen Integrität (grundlegend daher das Folterverbot), ihrer Weltanschauung und in ihrem Anspruch, ein selbstbestimmtes Leben führen zu können und einen eigenen Entwurf des guten Lebens zu verfolgen (Religions-, Meinungs-, Handlungs- und Wirtschaftsfreiheit).

c) Allerdings darf die Freiheit, einen eigenen Lebensentwurf zu verfolgen, die gleiche Freiheit aller anderen nicht tangieren. Es gilt daher systematisch der *Vorrang der Gleichberechtigung aller Bürger vor individuellen Konzeptionen des guten Lebens*. Mit anderen Worten: Allen Bürgern einer freiheitlichen Gesellschaft steht der grundlegende und unbedingte Freiheitsanspruch gleichermaßen zu. Denn in Bezug auf ihren Status als Person und Bürger gilt für sie alle die moralische Gleichheit, wie wir schon in Abschnitt 2.2 gesehen haben. Es ist demzufolge nicht zulässig, diesbezüglich zwischen ihnen ethnische, kulturelle, soziale oder andere Unterschiede zu machen (Diskriminierungsverbot).

d) Eine freiheitliche Gesellschaft begründet sich aus der *wechselseitigen Anerkennung* der Bürger *als freie und gleichberechtigte Personen* – unabhängig von ihrer familiären Herkunft, ihrer gesellschaftlichen Stellung, ihrer wirtschaftlichen Macht, ihrer Religion und Weltanschauung oder sonstigen Merkmalen. Sie *schulden* sich daher wechselseitigen Respekt als freie und gleiche Bürger. Eine freiheitliche Gesellschaft setzt damit *moralische Personen* voraus, wie John Rawls, der Vordenker des politischen Liberalismus, immer wieder betont hat.[70] Insbesondere müssen sie einen gewissen

I. Leitideen modernen Wirtschaftens

Gerechtigkeitssinn haben, damit sie die Idee und die Begründung der gleichen Grundrechte aller Bürger überhaupt begreifen und staatsbürgerliche Mitverantwortung für die *Res publica*, die öffentliche Sache des gerechten Zusammenlebens freier Bürger, übernehmen können. Ohne mitverantwortliche Bürger ist buchstäblich kein freiheitlicher Staat zu machen.

e) Die politische Ordnung einer freiheitlichen Gesellschaft beruht im Prinzip auf der *konsensuellen Legitimation* durch alle Bürger im „öffentlichen Vernunftgebrauch", wie Rawls im Anschluss an Kant sagt.[71] Damit ist die demokratische Verfassung (engl. *constitution*) als konstitutive Grundlage einer liberalen Ordnung angesprochen. Die Idee des öffentlichen Vernunftgebrauchs impliziert allerdings einen ethisch gehaltvollen Begriff demokratischer Willensbildung, der heute in der politisch-philosophischen Fachsprache als *deliberative* Politik bezeichnet wird. Wir werden darauf in Abschnitt 4.5 näher eingehen.

f) In einer „wohlgeordneten Gesellschaft" freier Bürger (Rawls) sollen die geltende politische Ordnung und der Staat in Bezug auf die unterschiedlichen Weltanschauungen und Lebensformen der Bürger *neutral* sein, soweit diese ihrerseits die Regeln des gerechten Zusammenlebens mit anderen Auffassungen und damit die gleiche Freiheit aller respektieren. Gegen Kräfte, die diese Ordnung gewaltsam zerstören wollen, darf und soll der liberale Staat sich hingegen wehren, damit der Pluralismus der frei gewählten Weltanschauungen und Lebensformen gewährleistet bleibt.

3. Marktfreiheit oder Bürgerfreiheit? Die Freiheit, die wir meinen...

g) Die größtmögliche gleiche Freiheit aller muss *vom Rechtsstaat durchgesetzt* werden gegen teilweise mächtige Partikulärinteressen aller Art. Wohlverstandener (politischer) Liberalismus hat daher nichts mit Laissez-faire zu tun, sondern setzt eine „starke" öffentliche Ordnung voraus. Der politische Liberalismus ist wesentlich als ein Programm der Bestimmung und Rechtfertigung jenes minimalen staatlichen Zwangs zu verstehen, der notwendig ist, um die gleiche Freiheit aller aufrechtzuerhalten.[72]

Ein solcher anspruchsvoller Begriff von allgemeiner *Bürgerfreiheit* verträgt sich offenkundig nicht ohne weiteres mit radikalen Ideen einer ungebundenen *Marktfreiheit*. Leuchten wir diesen kleinen Unterschied und seine großen Folgen nun etwas genauer aus, indem wir zuerst den ökonomischen Liberalismus und anschließend ein Gegenmodell, das ich als *republikanischen Liberalismus* bezeichnen werde, jeweils nach seinem Menschenbild und seinem Gesellschaftsverständnis charakterisieren. Dabei geht es keineswegs nur um eine abstrakte Begriffsunterscheidung im akademischen Elfenbeinturm, sondern um die systematische Trennlinie zwischen einem politisch-philosophisch aufgeklärten Liberalismus und einem geschichtlich bis anhin mindestens ebenso wirkungsmächtigen ökonomischen Liberalismus, wie er sich auf der Basis der Ideen von Thomas Hobbes (und nicht etwa Adam Smith!) entwickelt hat. Smith hat dagegen im Ansatz einen republikanischen Liberalismus vertreten, wie wir sehen werden. – Abbildung 7 gibt einen vergleichenden Überblick über die beiden nachfolgend näher vorgestellten Liberalismuskonzepte.

I. Leitideen modernen Wirtschaftens

	Wirtschaftsliberale ("neoliberale") Konzeption	Republikanisch-liberale Konzeption
Konzept der Person	Mensch als präsoziales Wesen (sozial desinteressierter Eigennutzenmaximierer): „Ich rechne, also bin ich" (Thomas Hobbes) ⇓ bedingtes wechselseitiges Interesse ⇓	Mensch als soziales Wesen (legitimitäts- und selbstinteressiert): „Ich fühle Sympathie, also bin ich" (Adam Smith) ⇓ unbedingte wechselseitige Achtung und Anerkennung ⇓
Freiheits-begriff	primär negative Freiheit („Unantastbarkeit" der Privatautonomie gegen Ansprüche anderer: Abwehrrechte) ⇓	primär positive Freiheit („öffentlicher Vernunftgebrauch" unter mündigen Bürgern: Beteiligungsrechte) ⇓
Konzept des Bürgers	Besitzbürger (Bourgeois): „Ich habe Privateigentum, also bin ich"	Staatsbürger (Citoyen): „Ich partizipiere an der Res publica, also bin ich"
Modus der Vergesell-schaftung	Vorteilstausch (macht- und interessenbasiert) ⇓ Gesellschaft als Marktzusammenhang	gleiche allgemeine Bürgerrechte (gerechtigkeitsbasiert) ⇓ Gesellschaft als Rechts- und Solidarzusammenhang
Wirtschafts-ordnung	„freie" Marktwirtschaft („entgrenzt" und „entfesselt") ⇓ totale Marktgesellschaft	Soziale Marktwirtschaft (embedded economy) ⇓ lebensdienliche Marktwirtschaft

Abb. 7: Republikanischer Liberalismus vs. Wirtschaftsliberalismus

3.2 Ökonomischer Liberalismus oder: Der alte hobbesianische Traum

Der englische Philosoph Thomas Hobbes (1588–1679) versuchte als Erster die Begründung einer liberalen Gesellschaft strikt auf das Bild eines Menschen abzustützen, der rational seinen Eigennutzen und sonst nichts verfolgt. Das ist offenkundig der *Homo oeconomicus*, dieser kluge, aber etwas einseitig begabte Bursche, der nur eine einzige Rationalität kennt: die des vorteilsmaximierenden Kalküls. Sein Lebensmotto lautet also, wenn wir Descartes' berühmten Satz „Ich denke, also bin ich" (cogito ergo sum) ein wenig abwandeln: *„Ich rechne, also bin ich".* Bezeichnenderweise bedeutet schon für Hobbes *„Vernunft* ... nichts anderes als (eigennütziges, P. U.) Rechnen"[73].

Homines oeconomici sind als Eigennutzenmaximierer sozial desinteressiert; sie wollen sich keine freiwillige Rücksichtnahme auf andere, keine ethisch begründete Selbstbegrenzung zumuten lassen. Ihr Traum – das ist der hobbesianische Traum – geht dahin, eine freiheitliche Gesellschaft ganz als ein unpersönlich funktionierendes „System des geordneten Egoismus"[74] zu denken und zu begründen, das gleichsam hinter dem Rücken der Bürger von selbst das Gemeinwohl herstellt und so die Bürger restlos von jeder persönlichen „Moralzumutung" entlastet. Einen solchen radikalen *normativen Individualismus* zu rechtfertigen ist im Kern die ideologische Aufgabe des Wirtschaftsliberalismus und seiner christlich-naturrechtlich verbrämten marktmetaphysischen Gemeinwohlfiktion.[75]

Die Moralentlastungsfunktion wird je nach Position entweder unmittelbar der *invisible hand* des „freien" Marktes zugesprochen – dann ist von einer *altliberalen* Position zu sprechen – oder aber mittelbar der von der „öffentlichen Hand" des Staates gesetzten Rahmenordnung des Marktes – dies entspricht einer *neoliberalen* Position. (Auf diese beiden ordnungspolitischen Konzeptionen kommen wir in Kapitel 6 noch zurück.) In beiden Versionen des Wirtschaftsliberalismus wird Freiheit strikt individualistisch als (Willkür-)Freiheit zur Verfolgung beliebiger privater Zwecke im Rahmen der gegebenen Gesetze gedacht, nur schließen diese in der neoliberalen Version eine bestimmte Rahmenordnung des Marktes ein, die dessen Effizienz (und sonst nichts!) zu sichern hat.

Hinter dem normativen Individualismus steckt ein bestimmtes *Konzept der Person:* Der Mensch wird als *präsoziales*, „ungebundenes Selbst"[76] und extremer Eigennutzenmaximierer vorgestellt, der auch noch seine Beziehungen zu anderen Menschen allein als Mittel zu seiner privaten Nutzen-, Vorteils- oder Erfolgssteigerung betrachtet. Es fällt nicht schwer, hinter diesem Menschenbild das Selbstverständnis des sog. Besitzindividualismus, des *possessiven Individualismus („Ich habe Privateigentum, also bin ich")*, zu erkennen, wie es Crawford B. Macpherson schon 1962 in seiner berühmten Studie „Die politische Theorie des Besitzindividualismus" in kritischer Absicht modelliert hat. Er konnte nicht ahnen, wie sehr er damit jenem 20 Jahre jüngeren Syndrom vorgriff, das seit den 1980er Jahren unter der Etikettierung als „Neoliberalismus" (im jüngeren Sinn einer marktradikalen Position) gleichsam den ökonomistischen Weltgeist spielt. Greifen wir zwei prägnante Stellen aus seinem Buch heraus und verbinden wir sie:

„Die Gesellschaft besteht aus Tauschbeziehungen zwischen Eigentümern. Der Staat wird zu einem kalkulierten Mittel zum Schutz dieses Eigentums und der Aufrechterhaltung einer geordneten Tauschbeziehung. (...) Durch den Preismechanismus des Marktes durchdringt der Warenaustausch die zwischenmensch-

3. Marktfreiheit oder Bürgerfreiheit? Die Freiheit, die wir meinen ...

lichen Beziehungen, denn in diesem Marktsystem ist aller Besitz, einschließlich der Kraft und Energie des Menschen, Ware. Das grundlegende Streben nach einem Lebensunterhalt verbindet alle Individuen als Besitzer marktfähiger Waren, zu denen auch ihre eigenen Fähigkeiten gehören, ganz wesentlich miteinander. Alle müssen, im ständigen Wettbewerb mit anderen, Waren (im weitesten Sinn) auf dem Markt anbieten."[77]

Jedermann ist also zumindest Unternehmer seiner Arbeitskraft! Wir haben hier den normativen Kern und den treibenden Beweggrund einer Sozialphilosophie vor uns, der es um die strikt individualistische Fundierung und Eingrenzung aller Wirtschafts- und Gesellschaftspolitik geht.[78] Es ist reizvoll und hilfreich, der Charakterisierung einer solchen Hobbes'schen Markt*gesellschaft* kurz die elementare Kant'sche Unterscheidung zwischen der Würde der Person und dem Preis von Leistungen entgegenzuhalten:

„Im Reich der Zwecke [d.h. des intentionalen Handelns, P.U.] hat alles entweder einen *Preis* oder eine *Würde*. Was einen Preis hat, an dessen Stelle kann auch etwas anderes, als Äquivalent, gesetzt werden; was dagegen über allen Preis erhaben ist, mithin kein Äquivalent verstattet, das hat eine Würde."[79]

Kant spielt hier auf die grundlegende Differenz zwischen Marktprinzip und Moralprinzip an, aus der sich zugleich der Primat der politischen Ethik vor der Logik des Marktes begründet. Das Marktprinzip und das Moralprinzip stehen für zwei wesentlich verschiedene normative Logiken rationalen Handelns im sozialen Raum: Dem ökonomisch gedachten „Marktprinzip" entspricht die normative Lo-

I. Leitideen modernen Wirtschaftens

Ökonomische Rationalität: *normative Logik des Vorteilstausches* (*Marktprinzip*)	Ethische Vernunft: *normative Logik der Zwischenmenschlichkeit* (*Moralprinzip*)
⇓	⇓
Bedingte Kooperation zwischen strikt eigennützigen Individuen (Homines oeconomici)	*Unbedingte* wechselseitige Achtung und Anerkennung der Menschen als Personen
⇓	⇓
Der Andere ist nur *Mittel* für meine „private" Erfolgssicherung (normativer Individualismus)	Der Andere wird in seinem humanen Eigenwert respektiert – als *Voraussetzung* legitimen Erfolgsstrebens
⇓	⇓
Instrumentelles Gesellschaftsverständnis: Marktmodell der Vergesellschaftung	Primat der politischen Ethik vor der Logik des Marktes

Abb. 8: Ökonomische Rationalität vs. ethische Vernunft

gik des (je durch den privaten Vorteil bedingten) *wechselseitigen Vorteilstausches* (ökonomische Rationalität). Das vernunftethische Moralprinzip steht dagegen für die *unbedingte* wechselseitige Anerkennung der Menschen in ihrer personalen Würde und in ihren „unantastbaren" Grundrechten, oder kürzer ausgedrückt: für die *normative Logik der Zwischenmenschlichkeit* (Abb. 8).[80]

Im Fall der ökonomischen Rationalität stehen sich die Individuen wie schon erwähnt nur als wechselseitig desinteressierte Homines oeconomici gegenüber. Daher hat der Homo oeconomicus auch bloß ein instrumentelles *Gesellschaftsverständnis*: Er lässt sich überhaupt nur

3. Marktfreiheit oder Bürgerfreiheit? Die Freiheit, die wir meinen...

so weit auf soziale Interaktionen und Beziehungen ein, wie dies für seine privaten Zwecke vorteilhaft ist. Die gesamte Vergesellschaftung wird nach dem Marktmodell, eben nach der normativen Logik des wechselseitigen Vorteilstausches gedacht, und auch die Politik wird bloß als die Fortsetzung des Geschäfts mit anderen Mitteln aufgefasst. (Zugegeben: Das beschreibt die „Realpolitik" leider häufig nur allzu treffend.) Dem *Sozialzusammenhang* zwischen Menschen, die sich wechselseitig als Personen achten und in ihren *moralischen Rechten* anerkennen, wird im ökonomistisch verkürzten Gesellschaftskonzept überhaupt kein humaner Eigenwert zuerkannt. Der *Status quo* der „gegebenen" Machtverhältnisse wird hinsichtlich seiner Legitimität im Lichte von Gerechtigkeitsprinzipien nicht hinterfragt. Vielmehr wird alles „Soziale" bloß als äußere Einschränkung der *negativ* (d. h. als Abwehr sozialer Verbindlichkeiten) und *voraussetzungslos* gedachten individuellen Freiheit aufgefasst. Von da stammt das oft auffallend ausgeprägte Ressentiment der Wirtschaftsliberalen gegen Sozialpolitik und gegen den Staat als Garanten einer wohlgeordneten Gesellschaft, die im ökonomistischen Weltbild in einen merkwürdigen Widerspruch zum Freiheitsverständnis zu geraten droht.

Ziehen wir an dieser Stelle ein kurzes Zwischenfazit: Der erhebliche Unterschied zwischen Marktprinzip und Moralprinzip, zwischen ökonomischer Rationalität und ethisch-praktischer Vernunft, macht das Konzept einer totalen Markt*gesellschaft*, in der der „freie" Markt mehr oder weniger alle sozialen Beziehungen zwischen den Privatpersonen regelt, zum politisch-ethischen Problemfall – und nicht zur Lösung fast aller Probleme, wie die marktradikalen Neoliberalen behaupten. Eine moderne Gesellschaft freier und gleicher Bürger ist primär als ein ethisch gehaltvoller *Rechts- und Solidarzusammenhang*, nicht als ein *Marktzusammenhang* zu denken. Ein politisch-

I. Leitideen modernen Wirtschaftens

philosophisch und wirtschaftsethisch tragfähiges Freiheitsverständnis bietet daher im Ansatz erst der moderne politische Liberalismus, der primär nicht auf den freien Markt, sondern auf freie Bürger zielt, genauer: auf die gleiche größtmögliche reale Freiheit aller Bürger. Da allerdings die begriffsprägende Rawls'sche Variante des politischen Liberalismus gewisse Grenzverwischungen zum ökonomischen Liberalismus nicht konsequent vermeidet – darauf wollen wir hier nicht näher eingehen[81] –, ziehe ich für mein Leitbild die Bezeichnung als *republikanischer* Liberalismus vor.

3.3 Republikanischer Liberalismus oder: Das Leitbild einer voll entfalteten Bürgergesellschaft

Wie der zugegebenermaßen ungewohnte Begriff des republikanischen Liberalismus zum Ausdruck bringen soll, kommt es für einen ökonomismuskritisch aufgeklärten Liberalismus entscheidend auf eine republikanisch-ethische Beimischung an. Ohne hier auf die begriffliche Abgrenzung zum klassischen Republikanismus im Einzelnen eingehen zu können, besteht die Pointe des Versuchs einer *republikanisch-liberalen Synthese* in der dialektischen Beziehung zwischen politisch-liberaler Verfassung (als institutionenethischem Moment) und *sparsam eingeforderter politischer Bürgertugend* (als individualethischem Moment).[82]

Dem republikanischen Liberalismus liegt also zunächst ein völlig anderes *Konzept der Person* als dem Wirtschaftsliberalismus und dem diesbezüglich ambivalenten politischen Liberalismus (in seiner Rawls'schen Variante) zugrunde: Der Mensch wird von Grund auf als *soziales Wesen* begriffen, für dessen gelingende Identitätsentwicklung und Lebensqualität den sozialen Beziehungen in Gemeinschaft

3. Marktfreiheit oder Bürgerfreiheit? Die Freiheit, die wir meinen ...

und Gesellschaft eine konstitutive Funktion zukommt: Nicht *gegen* die soziale Gemeinschaft, sondern *in* ihr ist wohlverstandene Freiheit als allgemeine Freiheit (d.h. gleiche Freiheit aller) zu denken. Freiheit wird nicht mehr nur negativ in Abgrenzung des egoistischen Individuums zu anderen gedacht, sondern stets auch *positiv* als Möglichkeit zur gleichberechtigten Teilnahme an der *Res publica.* Es geht buchstäblich um die öffentliche Sache, die Grundsätze und Regeln des fairen (d.h. chancengleichen) und gerechten (d.h. die legitimen Ansprüche aller respektierenden) Zusammenlebens zu bestimmen. Mündige Bürger beratschlagen darüber im „öffentlichen Vernunftgebrauch" (Kant). Hier wird der innere Zusammenhang zwischen Bürgerfreiheit und Demokratie klar.

Der republikanische Liberalismus erkennt die Essenz einer freiheitlichen Gesellschaft in der Verbindung gleicher unantastbarer *Bürgerrechte* aller mit dem republikanisch-ethischen Tugendmoment des *Bürgersinns.* Dieser *motiviert* die wechselseitige Anerkennung der Bürger als Gleiche und Freie sowie die entsprechende Bereitschaft, die eigene Interessenverfolgung den Legitimitätsbedingungen der *allgemeinen* Freiheit zu unterstellen und ein Mindestmaß an Solidarität zu üben – ganz auf der Linie des Moralphilosophen Adam Smith („Ich fühle Sympathie, also bin ich"). Der republikanisch gesinnte freie Bürger begreift auch *seine* Freiheit als Teilhabe an einem kostbaren öffentlichen Gut, für das die gemeinsame partizipative Selbstbestimmung mündiger Staatsbürger *(Citoyens)* konstitutiv ist. Und er anerkennt daher seine *Mitverantwortung* für die gute Ordnung der Res publica.

Dementsprechend anders ist das republikanisch-liberale *Gesellschaftsverständnis:* Gesellschaft wird nicht mehr primär als Marktzusammenhang, sondern als wohlgeordneter Rechts- und Solidaritätszusammenhang gedacht. Nicht die Markteffizienz, sondern die

I. Leitideen modernen Wirtschaftens

Gerechtigkeit der gesellschaftlichen Ordnung wird jetzt als das vorrangige Gestaltungskriterium gerade einer freiheitlichen Gesellschaft begriffen. Somit lässt sich der Staat nicht mehr einfach pauschal als Gegenpol der Freiheit diffamieren („mehr Freiheit, weniger Staat"), vielmehr wird er ganz im Gegenteil zunächst einmal als der unverzichtbare Garant einer wohlgeordneten Gesellschaft freier Bürger (und nicht nur als Garant des „unantastbaren" Privateigentums!) begriffen. Das Leitbild des republikanischen Liberalismus ist das einer *voll entfalteten Bürgergesellschaft*. Für eine solche können drei elementare Leitideen als konstitutiv gelten:

1) *Umfassender Bürgerstatus:* Ein voll entfalteter Bürgerstatus setzt starke allgemeine Bürgerrechte voraus, und zwar neben elementaren Persönlichkeitsrechten und Staatsbürgerrechten (politischen Teilnahmerechten) auch teilweise noch fehlende *Wirtschaftsbürgerrechte* (sozioökonomische Grundrechte), soweit solche zur selbständigen Lebensführung in realer Freiheit und Selbstachtung nötig sind. (Darauf kommen wir in Abschnitt 3.5 noch zurück.) Die generelle Begründung gibt Ralf Dahrendorf als führender deutschsprachiger Vordenker des politischen Liberalismus und der Bürgergesellschaft: „*Citizenship* ist ein nicht-ökonomischer Begriff. Er definiert die Stellung der Menschen unabhängig von dem relativen Wert ihres Beitrags zum Wirtschaftsprozess."[83]

2) *Bürgersinn:* In einer voll entwickelten Bürgergesellschaft nehmen die Bürger ihre privaten und ebenso ihre gemeinschaftlichen Angelegenheiten selbst in die Hand. Als Infrastruktur solcher Bürgerpartizipation blüht ein lebendiges Netzwerk egalitärer Bürgervereinigungen auf („Zivilgesellschaft" im engeren Sinn).

3. Marktfreiheit oder Bürgerfreiheit? Die Freiheit, die wir meinen…

Die Bürger fühlen sich mitverantwortlich für die *Res publica*, die öffentliche Sache des gerechten und solidarischen gesellschaftlichen Zusammenlebens, und spalten ihr privates Handeln davon nicht ab. Sich moralisch nicht spalten lassen heißt: *integer* sein. Republikanisch gesinnte Bürger wahren ihre Integrität, indem sie ihr privates Tun, mithin auch ihr privatwirtschaftliches Erfolgsstreben, konsequent von dessen Legitimität im Lichte der gleichen Freiheit und Grundrechte aller anderen Bürger abhängig machen. Dies ist der Kern des *republikanisches Ethos*. (Auf dessen Grundlagen werden wir in Kapitel 4 noch näher eingehen.)

3) *Zivilisierung des Marktes ebenso wie des Staates:* Dass der Staat, der potenzielle „Leviathan" (Hobbes), zu bändigen ist, war Liberalen stets bewusst, weniger aber, dass freiheitsbedrohende Macht auch wirtschaftlicher Art sein kann (Macht des Geldes). In einer wahren Bürgergesellschaft ist die Souveränität des Bürgers jedoch gegenüber jeder Form von nicht legitimierter Macht zu verteidigen. Und das heißt: die sachzwanghafte Eigenlogik des Marktes ist kein guter Grund, um die Gerechtigkeit der Spielregeln des Zusammenlebens und die reale Freiheit und Chancengleichheit der Bürger, vor allem der Schwächeren unter ihnen, einzuschränken. Vielmehr verhält es sich genau umgekehrt: Freie Bürger kommen vor dem „freien" Markt! Nochmals mit Dahrendorf formuliert: „Die Rechte der Bürger sind jene unbedingten Anrechte, die die Kräfte des Marktes zugleich überschreiten und in ihre Schranken verweisen."[84] Wir werden uns wohl gelegentlich entscheiden müssen, was wir wollen: den nahezu total „freien" Markt oder eine wahrhaftig freiheitliche Gesellschaft.

3.4 Sozioökonomische Voraussetzungen lebbarer Bürgerfreiheit oder: Grundlagen einer „anständigen" Gesellschaft

Gemessen am entworfenen republikanisch-liberalen Leitbild einer voll entfalteten Bürgergesellschaft erscheint jene Realpolitik, die sich heutzutage „bürgerlich" zu nennen pflegt, oft merkwürdig eindimensional eingestellt. Sie scheint großenteils vergessen zu haben oder aber nicht mehr wahrhaben zu wollen, was eine wahre Bürgergesellschaft ausmacht und was angesichts des gewaltigen sozioökonomischen Umbruchs, in dem wir stehen, gesellschaftspolitisch heute auf dem Spiel steht. Gerade wer für offene Märkte und intensiven Wettbewerb ist, der wird doch wohl, falls er kein Zyniker ist, befürworten, dass auch den Verlierern des Wettbewerbs der Status vollwertiger Bürger und damit Lebensbedingungen, deren man sich als Verlierer nicht zu schämen braucht, gewährt bleiben. Bürger *verdienen* unbedingt die gesellschaftliche Achtung ebenso wie die faire Chance auf Wahrung ihrer Selbstachtung.

Es macht, wie Avishai Margalit in seinem Buch über die *Politik der Würde* gezeigt hat, vielleicht noch nicht eine gerechte, aber immerhin eine „anständige" Gesellschaft *(decent society)* aus, dass ihre Institutionen und Regeln *niemanden demütigen*, d.h. niemanden systematisch in seiner Würde, seinen Grundrechten und eben in seiner Selbstachtung verletzen.[85] Auf die entscheidende Bedeutung der Selbstachtung für *freiheitsfähige* Personen weist auch Rawls hin:

„Die Bedeutung der Selbstachtung liegt darin, dass sie für ein sicheres Selbstwertgefühl sorgt: für die sichere Überzeugung, dass unsere bestimmte Konzeption des Guten es wert ist, verwirklicht zu werden. Ohne Selbstachtung mag nichts der Aus-

3. Marktfreiheit oder Bürgerfreiheit? Die Freiheit, die wir meinen ...

führung wert erscheinen, und sollten einige Dinge für uns einen Wert haben, dann hätten wir nicht den Willen, sie zu verfolgen."[86]

Von daher erklärt sich wohl zu einem guten Teil die häufige Beobachtung, dass Menschen in einer andauernd demütigenden Lebenslage oft sogar jene Rechte und Optionen nicht mehr wahrnehmen, die ihnen noch verblieben sind. Demütigende Lebensbedingungen *entmutigen* die Betroffenen mit der Zeit, für ihre legitimen Ansprüche zu kämpfen. Der Kern der Demütigung besteht gerade darin, dass ihnen der Glaube daran geraubt wird, die Kontrolle über das eigene Leben bewahren zu können.[87] Besonders demütigend ist deshalb die Erfahrung der *strukturellen Ohnmacht*, die eigene Existenz nicht durch eigene Leistung sicherstellen zu können, wie sie insbesondere unfreiwillig erwerbs- und einkommenslosen Personen widerfährt. Armut und materielle Not sind Ausdruck eines „Mangels an Verwirklichungschancen", d.h. an „substanziellen Freiheiten, ... ein mit Gründen erstrebtes Leben zu führen", wie es Amartya Sen, Nobelpreisträger und führender Entwicklungsökonom, formuliert.[88]

Der gegenwärtig modische, vulgärliberale Ruf nach existenzieller *Eigenverantwortung* aller Individuen und nach entsprechend weit gehender „Liberalisierung" und Deregulierung sozialstaatlicher Auffangnetze läuft unter solchen Umständen Gefahr, sich als blanker Zynismus zu erweisen, soweit die skizzierten strukturellen Voraussetzungen realer Freiheit nicht beachtet werden. Demgegenüber ist aus dem republikanisch-liberalen Menschenbild ganz klar abzuleiten, dass Eigenverantwortung den Bürgern nur *zumutbar* ist auf der Grundlage bestimmter gesellschaftlicher und rechtlicher Voraussetzungen. Dazu gehören erstens adäquate *Bürgerrechte*, die den Individuen einen prinzipiellen Anspruch auf die nötigen Voraussetzungen zur wirtschaftlichen Selbstbehauptung und zur Führung eines selbstbestimmten Lebens als real freie Personen gewährleisten; zweitens entsprechende *Fähigkeiten*, die es möglichst bei allen Bürgern von klein auf *auszubilden* gilt; und drittens der allgemeine Zugang zu *Ressourcen und Grundgütern*, ohne die weder im Markt noch im Leben überhaupt von Chancengleichheit die Rede sein kann.

Das bedingt zunächst eine öffentliche Infrastruktur, welche die Grundversorgung der Menschen in Bereichen wie Gesundheit und Bildung, Energie und Verkehr, Wohn- und Betätigungsraum usw. sicherstellt. Im Besonderen geht es darüber hinaus um den allgemeinen Zugang zu beruflichem Wissen und Know-how, zu Kapital und Kredit. Gerade Letzteres ist keineswegs selbstverständlich: Als „kreditwürdig" gilt nach üblichen bankwirtschaftlichen Kriterien nur, wer Sicherheiten bieten kann. Das können besitzlose Personen in der Regel nicht. In einer „anständigen" Gesellschaft soll aber jedermann die faire Chance haben, eine selbständige wirtschaftliche Existenz aufbauen zu können. Es braucht dafür ein ergänzendes, sozial- oder entwicklungspolitisch orientiertes (Mikro-)Kreditsystem für die Besitzlosen, wie es mit großem Erfolg die Grameen Bank in Bangladesh und in weiteren Entwicklungsländern aufgebaut hat.[89]

Erst alle diese rechtlichen und gesellschaftlichen Bedingungen zusammen *ermächtigen* die Bürger, tatsächlich ein freies Leben zu führen (Abb. 9).[90]

Real lebbare Freiheit ist also eine voraussetzungsreiche kulturelle und strukturelle Errungenschaft. Eine republikanisch-liberale Politik setzt daher primär auf das *Empowerment* der Bürger im doppelten Sinne ihrer Befähigung und Berechtigung zur wirtschaftlichen Selbstbehauptung, und zwar *vorgängig* jeder zumutbaren Marktöffnung und Wett-

3. Marktfreiheit oder Bürgerfreiheit? Die Freiheit, die wir meinen...

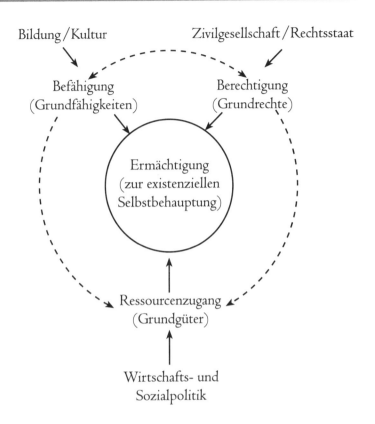

Abb. 9: *Voraussetzungen lebbarer Bürgerfreiheit*

bewerbsintensivierung. Schon Adam Smith hat bemerkenswerterweise auf die notwendige Behutsamkeit bei der marktwirtschaftlichen Öffnung von zuvor abgeschotteten Ländern hingewiesen, ohne die schwere volkswirtschaftliche Schäden entstehen könnten.[91] Wie wenig haben das die neoliberalen „Chicago Boys" etwa bei ihren radikalen Liberalisierungsempfehlungen an die osteuropäischen Länder

I. Leitideen modernen Wirtschaftens

nach 1989 berücksichtigt! Der von ihren marktgläubigen Rezepten ausgelöste Niedergang, beispielsweise in Russland, gibt Adam Smith und dem republikanisch-liberalen Konzept Recht.

Nicht zuletzt in neueren Ansätzen der Entwicklungspolitik, so auch des *United Nations Development Program* (UNDP), wird diesen Zusammenhängen zunehmend Rechnung getragen. Richtig verstandene Entwicklung lässt sich selbst noch „als Prozess der Erweiterung realer Freiheiten verstehen, die den Menschen zukommen"[92]. Mit diesem *emanzipatorischen* Ansatz unterscheidet sich Entwicklungspolitik grundlegend von einer wirtschaftsliberalen („neoliberalen") Politik, die in der Marktöffnung und Wettbewerbsintensivierung schon das hinreichende Rezept dafür sieht, dass alles gut wird. Ebenso sehr unterscheidet sie sich aber auch von herkömmlicher *kompensatorischer* Sozialpolitik, die bloß die symptomatischen Folgen der strukturellen Ohnmacht der Bürger mit nachträglicher Umverteilung ein Stück weit zu korrigieren versucht, ohne an den tiefer liegenden Ursachen etwas zu ändern. *Faire Selbstbehauptungsmöglichkeiten für alle statt „milde Gaben" für Bedürftige* – so lautet also das emanzipatorische Credo einer voll entwickelten Bürgergesellschaft.

Das republikanisch-liberale Leitbild eröffnet insofern tatsächlich einen „dritten Weg" jenseits von Rechts und Links im herkömmlichen Sinn, d.h. jenseits des „kalten Kriegs" zwischen Marktfundamentalisten (Wirtschaftsliberalismus) und Staatsdogmatikern (Sozialetatismus). Das Credo des marktradikalen Wirtschaftsliberalismus – „Macht keine Geschichten, der Markt wird's schon richten" – ist genauso altmodisch wie das Credo der Sozialetatisten – „Von der Wiege bis zur Bahre, ist der Staat das einzig Wahre". Auch ein bloßer „Systemmix" im Sinne einer kompromisshaften Mischung von Markt- und Staatssteuerung kann nicht mehr als hinreichender An-

3. Marktfreiheit oder Bürgerfreiheit? Die Freiheit, die wir meinen...

satz betrachtet werden. Der neue Leitgedanke ist vielmehr der, dass es nicht nur und nicht in erster Linie auf den „Systemmix" ankommt, sondern vorrangig auf die Einbindung des gesamten (notwendigerweise immer „gemischten") Wirtschaftssystems in die Bürgergesellschaft. Diese zu stärken, wird jetzt als der entscheidende Ansatzpunkt begriffen (Abb. 10).

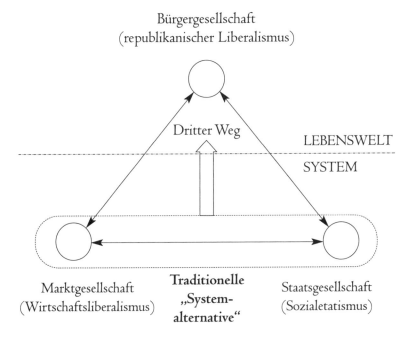

Abb. 10: Der dritte Weg jenseits von Rechts und Links

3.5 Wirtschaftsethische Konsequenz: Wirtschaftsbürgerrechte

Eine voll entfaltete Bürgergesellschaft setzt, wie wir gesehen haben, starke Bürgerrechte, einen hinreichend entwickelten und verbreiteten Bürgersinn sowie die Einbindung der Marktkräfte in die republikanisch-liberale Gesellschaftsordnung voraus. Was die Bürgerrechte betrifft, so steht aus wirtschaftsethischer Sicht die Stärkung der bisher noch nicht besonders systematisch entwickelten sozioökonomischen Rechte oder *Wirtschaftsbürgerrechte* im Vordergrund.

Um welche neuen Wirtschaftsbürgerrechte geht es konkret? Wir können hier auf diese spannende und zukunftsträchtige, aber komplexe Thematik nur mit einem exemplarischen Gedanken eingehen. Greifen wir als wichtiges Problemfeld jenes der *Arbeits- und Einkommenspolitik* heraus, das wir in Abschnitt I.2 schon kurz angesprochen haben. Die einst „anständig" bezahlten industriellen Arbeitsplätze werden infolge des technischen Fortschritts und des resultierenden Produktivitätsfortschritts zunehmend wegrationalisiert, geraten sie doch im globalen (Standort-)Wettbewerb unter den Konkurrenzdruck von Niedriglohnländern. Erst recht entwertet werden die einfachen Dienstleistungen gering Qualifizierter. Die Erwerbsarbeit, die sie anbieten können, wird tendenziell „billig wie Dreck"[93]. Das schlägt sich in der sich dramatisch öffnenden Schere der Einkommens- und Vermögensverteilung in fast allen Ländern sowie im sich ausbreitenden Phänomen der „Working Poor" nieder, d.h. von Menschen, die zwar vollzeitlich erwerbstätig sind, aber gleichwohl vom erzielten Einkommen nicht leben können. Manche Ökonomen erwarten, dass in den OECD-Ländern in naher Zukunft etwa 10–15 % aller Arbeitswilligen den Leistungsanforderungen im härter werden-

3. Marktfreiheit oder Bürgerfreiheit? Die Freiheit, die wir meinen ...

den Wettbewerb auf dem (internationalen) Arbeitsmarkt überhaupt nicht mehr genügen werden, und zwar fast unabhängig von der Wirtschaftskonjunktur (strukturelle Arbeitslosigkeit).

Auf die daraus resultierenden Lasten des Sozialstaats reagieren gewisse Kreise mit dem Ruf, die sozialstaatliche Unterstützung sei auf den „gezielten Beistand" für die „wirklich Bedürftigen"[94] zu konzentrieren. Wer aber bestimmt darüber, wer „wirklich" bedürftig ist? Dass eine einzelfallbezogene Bedürftigkeitsprüfung die Betroffenen rasch einmal in eine *demütigende* Bittstellerrolle gegenüber den „Fürsorge"-Behörden versetzt und ihren Status als freie und gleiche Bürger unterhöhlt, bleibt dabei unbedacht. Vordergründig scheint es in der Sozialstaatsdebatte um Finanzierungsfragen zu gehen, aber hintergründig geht es um eine tief greifende gesellschaftspolitische Weichenstellung bezüglich der zukünftigen Grundlagen der *sozialen Integration* der Gesellschaft: Soll das Ideal einer wohlgeordneten Gesellschaft freier und gleicher Bürger unter erschwerten sozioökonomischen Umständen zeitgemäß weiterentwickelt werden? Oder wird dieses Ideal in einem wichtigen Bereich fallen gelassen und letztlich durch das autoritär-karitative Konzept eines „Sozialpolizeistaats"[95] ersetzt, der das Recht hat, jene Bürger, die auf sozialstaatliche Leistungen angewiesen sind, als unmündig zu betrachten und zu behandeln?

Falls wir an den Leitideen einer „anständigen" Gesellschaft festhalten wollen, werden wir uns eher über kurz als über lang entscheiden müssen, welches von *drei alternativen Wirtschaftsbürgerrechten* oder welcher Mix von ihnen als Grundlage zur Sicherung der sozialen Integration der Gesellschaft etabliert werden soll:

- ein *Wirtschaftsbürgerrecht auf Erwerbsarbeit* für alle? Das würde, auch wenn ein Recht auf Arbeit juristisch kaum individuell einklagbar wäre, die Politik zumindest zur Integration möglichst aller Erwerbswilligen in den Arbeitsmarkt anhalten, sei es mittels eines ergänzenden, geschützten Arbeitsmarkts für Leistungsschwächere („zweiter Arbeitsmarkt"[96]), mittels Qualifizierungsmaßnahmen oder mittels allgemeiner Arbeitszeitverkürzungen nach Maßgabe des Produktivitätsfortschritts;[97]

- ein *Wirtschaftsbürgerrecht auf ein erwerbsunabhängiges Grundeinkommen* für alle *(„Bürgergeld")?* Das hätte eine systematische Politik der teilweisen Entkoppelung von Einkommens- und Arbeitsverteilung zur Konsequenz, um das „tyrannische" Durchschlagen der Regeln des Arbeitsmarktes auf die gesamte Lebenslage einer Person zu verhindern. So hat es der amerikanische Philosoph Michael Walzer im Sinne einer institutionellen „Kunst der Grenzziehung"[98] zwischen Lebenssphären und ihren jeweils adäquaten Verteilungsregeln postuliert. Dabei müsste allerdings auf die volkswirtschaftliche Nachhaltigkeit des unbedingten allgemeinen Grundeinkommens geachtet werden, so dass dieses vorerst wohl nur einen Teilbeitrag zur Existenzsicherung leisten könnte;[99]

- oder gar ein *Wirtschaftsbürgerrecht auf Teilhabe am volkswirtschaftlichen Kapital* für alle *(„Bürgerkapital")?* Das entspräche einer Politik, die auf einen sozial universalisierten Kapitalismus („Volkskapitalismus") zielt: „Wenn der Kapitalismus gesiegt hat, dann muss man eben alle zu (Teil-)Kapitalisten machen, um sie an den Früchten dieses Sieges zu beteiligen."[100] Als Kompensation der realen Gewichtsverschiebung zwischen Arbeits- und Kapitaleinkommen sollen demnach alle Bürger prinzipiell auf zwei Existenzbeinen stehen, also einen Arbeitslohn haben *und* angemessen am volkswirtschaft-

3. Marktfreiheit oder Bürgerfreiheit? Die Freiheit, die wir meinen...

lich erzeugten Shareholder Value partizipieren – nach dem Motto: *Wenn schon Kapitalismus, dann gleich für alle.*

Dem ökonomistisch verkürzten Neoliberalismus der Gegenwart ist das Verständnis für die (republikanisch-)liberale Qualität solcher und mancher weiterer emanzipatorischer Ideen leider gänzlich abhanden gekommen. Das Ideologische am heutigen Neoliberalismus ist, dass er den Blick darauf durch die dargelegte Verkürzung von Bürgerfreiheit auf Marktfreiheit versperrt. Aber zum Glück gelingt ihm das zusehends schlechter. Wenn Ihnen, liebe Leserin, lieber Leser, die Bedeutung dieser Unterscheidung und das angemessene Verhältnis zwischen beiden Freiheitsbegriffen jetzt ein wenig bewusster geworden ist, so hat dieses Kapitel seinen Zweck vollauf erfüllt.

II. ORTE WIRTSCHAFTS-ETHISCHER VERANTWORTUNG

Im zweiten Teil dieser Wirtschaftsbürgerkunde wenden wir uns der wirtschaftsethischen Topologie (d.h. „Ortskunde") zu. Wir fragen also nach den gesellschaftlichen „Orten", an denen ethische Verantwortung konkret *zurechenbar* gemacht werden kann und soll. Ohne die Klärung der Orte konkreter Verantwortungsübernahme für eine lebensdienliche Wirtschaft blieben wirtschaftsethische Postulate buchstäblich *u-topisch*, d.h. eben im Altgriechischen: ortlos. Es geht um die grundlegenden Träger der Moral des Wirtschaftens in einer wohlgeordneten Gesellschaft freier Bürger. Und das sind erstens die wirtschaftlich handelnden *Bürger* selbst (Wirtschaftsbürgerethik, Kapitel 4), zweitens die *Unternehmen* (Unternehmensethik, Kapitel 5) und drittens die politisch zu bestimmende und rechtsstaatlich zu gewährleistende *Rahmenordnung des Marktes* (Ordnungsethik) – ein Problem, das es heute speziell im Kontext der Globalisierung zu betrachten gilt. Wir werden daher die Gedanken zur ordnungsethischen Problematik unter dem Horizont einer Weltwirtschaftsethik entfalten (Kapitel 6).

4. Wirtschaftsbürgerethik: Was heißt ein „guter Bürger" sein?

Angesichts der Sachzwänge des marktwirtschaftlichen Wettbewerbs ist nicht ohne weiteres klar, ob und wie weit den einzelnen Wirtschaftsakteuren in ihren verschiedenen Rollen als Investoren und Geschäftstätige, Arbeitnehmer und Konsumenten die Rücksichtnahme auf andere Gesichtspunkte als jene der erfolgreichen Selbstbehauptung überhaupt zumutbar ist. Mehr als in anderen Ländern besteht im deutschsprachigen Raum eine ausgeprägte Neigung zu einer legalistischen Lösung wirtschaftsethischer Probleme, und das heißt: man setzt weniger auf die Bürgertugend der Wirtschaftssubjekte (Individualethik) als vielmehr auf die rechtsstaatliche Rahmenordnung des Marktes (Institutionenethik).[101] Es macht jedoch wenig Sinn, zwischen Ordnungs- und Bürgerethik einen Gegensatz zu konstruieren; vielmehr setzen sie sich wechselseitig voraus, wie wir sehen werden.

Zuerst ist der Begriff des Wirtschaftsbürgers genauer zu definieren (4.1). Dann gilt es darüber nachzudenken, wieweit denn die individuelle ethische Verantwortungsübernahme im „Wirtschaftsleben" überhaupt zumutbar ist (4.2). Erst danach wenden wir uns den wichtigsten konkreten Handlungsfeldern verantwortungsbewusster Wirtschaftsbürger zu: als kritisch reflektierende Konsumenten und Kapitalanleger (4.3), als erwerbstätige „Organisationsbürger" in arbeitsteiligen Organisationen (4.4) und schließlich – last but not least – als wirtschaftsethisch mitverantwortliche Staatsbürger (4.5).

4.1 Zum Begriff des Wirtschaftsbürgers

Warum eigentlich *Wirtschafts*bürgerethik und nicht einfach Bürgerethik? Der Begriff des Wirtschaftsbürgers steht hier für zwei Postulate:

- Zum einen ist die Kategorie der Wirtschaftsbürger umfassender als die der Staatsbürger. Nicht die Nationalität ist das Zugehörigkeitskriterium, sondern die Beteiligung am volkswirtschaftlichen Produktionsprozess eines Landes. Wirtschaftsbürger bzw. Wirtschaftsbürgerin in einem Land ist, wer in diesem arbeits- und aufenthaltsberechtigt ist, dort tatsächlich seinen Wohnsitz hat und Steuern zahlt. Er erfüllt damit unabhängig von der Farbe seines Passbüchleins die Voraussetzungen für die Inanspruchnahme grundlegender *Wirtschaftsbürgerrechte* im Sinne von wirtschaftlichen Betätigungs- sowie sozialen Schutz- und Teilhaberechten, ohne damit auch schon alle politischen Teilnahmerechte im Sinne der demokratischen Wahl- und Stimmrechte im Gastland in Anspruch nehmen zu können.[102] Wer Rechte hat, hat aber auch Pflichten...

- Zum andern – und das ist hier unser Thema – bezeichnet der Begriff ,Wirtschaftsbürger' den Bürger als Wirtschaftssubjekt *und* zugleich als moralische Person. Er steht also für einen Bürger, der sein wirtschaftliches Handeln nicht privatistisch von seinem staatsbürgerlichen Verantwortungsbewusstsein abspaltet, sondern es in dieses *integriert*. Wirtschaft*sbürger* im hier gemeinten Sinn verstehen sich, um an das vorangegangene Kapitel anzuknüpfen, nicht bloß als *Bourgeois*, sondern stets als *Citoyens*, als republikanisch gesinnte Staatsbürger, die mitverantwortlich an der „Res publica",

4. Wirtschaftsbürgerethik: Was heißt ein „guter Bürger" sein?

der öffentlichen Sache des guten und gerechten Zusammenlebens in einer wohlgeordneten Gesellschaft freier und gleicher Bürger, Anteil nehmen. Hieraus ergibt sich die integrative Perspektive eines republikanischen *Wirtschaftsbürgerethos*.[103]

Der Kern des republikanischen Wirtschaftsethos besteht in der prinzipiellen Bereitschaft des Bürgers, seine privaten Interessen nicht voraussetzungs- und rücksichtslos zu verfolgen, sondern den privaten Erfolg oder Vorteil nur unter der Bedingung seiner *Legitimität* im Lichte der Prinzipien einer wohlgeordneten Gesellschaft freier und gleicher Bürger erreichen zu *wollen*. Auf welcher Motivationsgrundlage kann eine solche noble Haltung beruhen?

Das hat, so paradox es im ersten Moment klingen mag, viel mit der *Selbstachtung (self-respect)* der Person zu tun, d.h. mit der „angemessenen Beachtung der Würde der eigenen Person oder der eigenen Position"[104]. Der republikanisch gesinnte Wirtschaftsbürger macht seine Selbstachtung zum Richter über sein potenziell selbstsüchtiges Vorteilsstreben. Die Selbstachtung wiederum beruht auf dem unversehrten moralischen Selbstverhältnis einer integren Person, die sich im gedanklichen Rollentausch mit anderen Bürgern als achten*swert* und der moralischen Gemeinschaft der Bürger *zugehörig* (sozial integriert) wahrnehmen kann. Die Wahrung unserer Selbstachtung ist daher nicht ablösbar vom immer wieder bestandenen Gedankenexperiment, ob die Motive unseres Handelns auch vom imaginären *Standpunkt eines unbeteiligten und unparteiischen Zuschauers* aus achtens- oder billigenswert sind. Genau darin hat Adam Smith als Erster, drei Jahrzehnte vor Kant, den Vernunftstandpunkt der Moral erkannt und ihn als den Reflexionshorizont der moralischen Gefühle („Sympathie") zwischen den Menschen begriffen:

II. Orte wirtschaftsethischer Verantwortung

„Wir bemühen uns, unser Verhalten so zu prüfen, wie es unserer Ansicht nach irgendein anderer gerechter und unparteiischer Zuschauer prüfen würde."[105]

Der Wunsch, die Sympathie anderer Personen zu genießen, bildet das gar nicht so schwache Motiv dafür, dass wir unsere eigenen Handlungsabsichten selbstkritisch prüfen im gedanklichen Rollentausch mit jenen Menschen, vor denen wir unser Tun zu verantworten haben und auf deren Wertschätzung unser gutes Selbstwertgefühl beruht. Selbstachtung wächst daher auf der von Kindsbeinen an gemachten guten Erfahrung, von anderen Menschen, die einem wichtig sind, geachtet zu werden. Wem es an Selbstachtung mangelt, der wird umgekehrt auch selbst mit anderen nicht immer respektvoll umgehen. Auf diese Weise hängen Selbstachtung und das moralische Motiv der verantwortlichen Selbstbindung des eigenen Handelns an ethische Gesichtspunkte der Rücksichtnahme auf die legitimen Ansprüche anderer untrennbar zusammen – auch und besonders im republikanisch-bürgerlichen Wirtschaftsethos. Wird dieses von gesellschaftlich im Rampenlicht der Medienaufmerksamkeit stehenden Personen in ihrem Geschäftsgebaren krass missachtet, so ruft das unweigerlich öffentliche Entrüstung hervor, gerade weil die Mehrzahl der Wirtschaftsbürgerinnen und -bürger ein solches Ethos durchaus verinnerlicht hat.

Der Ruf nach einer neuen Individual- oder Bürgerethik im Wirtschaftsleben ist in jüngster Zeit denn auch vor allem von *einem* Phänomen ausgelöst worden: dem Eindruck breiter Bevölkerungskreise, dass sich besonders in den „Teppichetagen", also ausgerechnet bei den so genannten „Verantwortungsträgern" der Wirtschaft, teilweise eine enthemmte, maß-, rücksichts- und schamlose Geldgier, ja eine eigent-

4. Wirtschaftsbürgerethik: Was heißt ein „guter Bürger" sein?

liche Abzockermentalität ausgebreitet hat. Vom republikanisch-liberalen Leitbild einer wohlgeordneten Gesellschaft freier *und gleicher* Bürger scheint die neoliberal geprägte Wirtschaftswelt weit abgekommen zu sein. „All animals are equal, but some are more equal!" hieß es bekanntlich schon in George Orwells berühmter *Animal Farm*. In der Tat: Die „großen Tiere" scheinen dem Normalbürger zunehmend die „Bodenhaftung" und — so ist auf dem skizzierten psychologischen Hintergrund fast zu vermuten — offenbar auch die moralische Basis ihrer (vom Gelddenken fehlgeleiteten?) Selbstachtung verloren zu haben. Wie sollte es sonst nachvollziehbar sein, wenn sie für sich ungeniert Millionensaläre und andere Privilegien beanspruchen, während dem „gemeinen Fußvolk" gleichzeitig gepredigt wird, aus Gründen des Standortwettbewerbs sei Maßhalten bei den Löhnen unumgänglich, auch wenn diese in weniger qualifizierten Tätigkeitsbereichen kaum mehr für ein „anständiges" Leben reichen (Problem der *Working Poor*[106]).

Wird aber angesichts des immer härteren Kampfs um Selbstbehauptung im Wettbewerb das republikanische Ethos verantwortungsbewusster Selbstbegrenzung im eigennützigen Vorteilsstreben nicht doch ein zunehmend weltfremdes Ideal? Setzt es nicht eine auf Erden seltene Spezies altruistischer „Gutmenschen" voraus? Moralische Helden also, die sich selbstlos für die andern aufopfern und dabei im Wirtschaftsleben ihr eigenes Einkommen und Fortkommen so sehr vernachlässigen, dass sie am Ende die Dummen sind? — Nein, dies ist keineswegs gemeint! „Dumm" oder zumindest wenig lebensklug ist wohl eher, wer seine (Fremd- und) Selbstachtung dem wirtschaftlichen Erfolgsstreben unterordnet, statt sie diesem *integrierend* und handlungsorientierend zugrunde zu legen. Hier zeigt sich übrigens, wie sehr der — zum Glück real nicht existierende — etwas

II. Orte wirtschaftsethischer Verantwortung

einseitig begabte Kunstmensch Homo oeconomicus in moralpsychologischer Hinsicht fehlkonstruiert ist, verkörpert er doch mit seiner kalten Eigennützigkeit und Gleichgültigkeit gegenüber dem Wohl seiner Mitmenschen geradezu das Gegenmodell zu *sozial und emotional kompetenten Personen*, die über eine hoch entwickelte Fähigkeit der Empathie, des „affektiven Mitschwingens"[107] mit anderen verfügen.

Die republikanisch-ethische Grundidee ist gerade deshalb so hilfreich, weil sie uns klarmachen kann, dass es in der Wirtschaftsethik überhaupt nicht um die Alternative zwischen Altruismus und Egoismus geht, sondern eben „nur" um *integre Wirtschaftsakteure*. Als solche sind verantwortungsbewusste Wirtschaftsbürger weder hoffnungslos weltfremde *Altruisten*, die mit fliegenden Fahnen in heroischer Selbstaufopferung unterzugehen bereit sind, noch pure *Egoisten*, die jeglichen Verzicht auf Selbstbeschränkung ihres eigeninteressierten Tuns a priori als unzumutbar betrachten. Ihr Prinzip ist vielmehr das der *ethisch integrierten Erfolgsorientierung*. Und das heißt: Sie wollen sehr wohl erfolgreich sein, dies aber nur unter der Bedingung, dass sie ihr Tun vor sich selbst wie vor anderen vertreten und für „gut" befinden können. Dafür braucht es lediglich die „gemischten Motive" *(mixed motives)* lebenskluger Bürger, die ihre eigene Freiheit und Lebensqualität als Teil des kostbaren öffentlichen Guts der gleichen lebbaren Freiheit aller Bürger und damit als Teil der *gesellschaftlichen* Lebensqualität begreifen. Republikanisch gesinnte Bürger spalten ihr privates Handeln vom Leitbild der Gesellschaft, in der sie leben möchten, nicht ab, sondern reflektieren es gerade umgekehrt von dieser her hinsichtlich seiner Legitimität. Mehr ist von ihnen nicht zu verlangen – insbesondere nicht, dass sie ihre eigenen legitimen Ansprüche auf wirtschaftliche Selbstbehauptung verleugnen.

4. Wirtschaftsbürgerethik: Was heißt ein „guter Bürger" sein?

Wir sind damit beim Problem der Zumutbarkeit wirtschaftsbürgerlicher Verantwortungsübernahme angesichts des marktwirtschaftlichen Wettbewerbs angelangt. Um der Gefahr eines abgehobenen, weltfremden Moralismus zu entgehen, wollen wir dieses Problem sehr ernst nehmen und uns im zweiten Gedankenschritt darauf etwas näher einlassen.

4.2 „Rückenstützen" der Bürgerverantwortung

Die meisten von uns sind in dem Sinne in die *Sachzwänge* des marktwirtschaftlichen Wettbewerbs verstrickt, dass wir auf Einkommenserzielung und damit auf unsere Wettbewerbsfähigkeit im (Arbeits- oder Güter-)Markt angewiesen sind. Soweit das der Fall ist, stellt der „freie" Markt für uns einen lebenspraktischen Zwangszusammenhang dar. Dieser *Zwang zur Leistung* – was als „Leistung" gilt und was nicht, definiert dabei allein die zahlungsbereite Nachfrage auf dem Markt – ist übrigens das ganze Geheimnis der Markteffizienz. Genau deshalb setzen jene, die Effizienz als obersten Wertgesichtspunkt betrachten, so sehr auf die grenzenlose Deregulierung der Märkte und die fortwährende Intensivierung des Wettbewerbs. Nicht immer aber werden die praktischen Folgen einer solchen Deregulierungspolitik für die einkommensabhängigen Menschen beachtet, unterwirft sie diese doch einer „Ökonomie der Lebensnot", die angesichts der geradezu überschießenden Produktivität unserer heutigen Volkswirtschaften eigentlich anachronistisch anmuten muss (Abb. 11).[108]

Mit dem steigenden Leistungsdruck wird zunächst die Selbstbehauptung im Wettbewerb für alle schwieriger. Ein wachsender Teil der

II. Orte wirtschaftsethischer Verantwortung

Marktderegulierung und Wettbewerbsintensivierung

⇓

härtere Selbstbehauptung für alle
(„Sachzwang")

⇓

zunehmende Spaltung der Gesellschaft
in Gewinner und Verlierer
(„The winners take all")

⇓

Perpetuierung einer frühmodernen
„Ökonomie der Lebensnot"
statt Entfaltung einer fortgeschrittenen
„Ökonomie der Lebensfülle"

Abb. 11: Lebenspraktische Folgen von Deregulierung und Wettbewerbsintensivierung

Bevölkerung genügt den Anforderungen des „gnadenlosen" Marktes nicht mehr und gerät immer mehr in prekäre Lebenslagen. Das zeigt sich dann symptomatisch darin, dass sich die soziale Schere zwischen Gewinnern und Verlierern des Wettbewerbs öffnet. Zu den Verlierern gehören dabei nicht nur die (nach den Kriterien des Marktes) Leistungsschwächeren, sondern auch jene, die ganz freiwillig davon absehen, ihre gesamte Energie in ihr wirtschaftliches Vorteils- und Erfolgsstreben zu stecken, weil sie eine andere Lebensphilosophie pflegen – eine, die möglicherweise zwischenmenschlich rücksichtsvoller, sozial- und umweltverträglicher ist als jene der Karrieristen

4. Wirtschaftsbürgerethik: Was heißt ein „guter Bürger" sein?

und Gewinnmaximierer. Auch sie haben in einem „freien" marktwirtschaftlichen *Wettbewerb der Lebensformen* bald einmal das Nachsehen und gefährden unter Umständen ihre Existenzbasis, wenn sie sich nicht an die Logik des Marktes anpassen und „härter" ihren eigenen Vorteil suchen.

Die Konsequenz ist einfach, aber ordnungspolitisch folgenreich: Nur wenn sich der Wettbewerbsdruck auf die Individuen in Grenzen hält, ist ihnen auch individuelle Selbstbegrenzung mit Rücksicht auf ethische Gesichtspunkte zumutbar. Aus dieser wirtschaftsethischen Perspektive tut eine *Politik der Sachzwangbegrenzung* Not, und zwar in dem Maße, wie eben den Marktteilnehmern moralische Selbstbegrenzung zumutbar bleiben soll – in genauer Umkehr der (nicht ganz) „rein" ökonomischen Effizienzperspektive und der aus ihr folgenden Politik einer grenzenlosen Wettbewerbsintensivierung (vgl. Kapitel I). Das läuft keineswegs sogleich auf die Aufhebung von Markt und Wettbewerb hinaus. Ein gewisses Maß an Sachzwangbegrenzung ist durchaus im Markt möglich. Durch die ordnungspolitische Gestaltung der preislichen An- und Abreize des Marktes kann nämlich die Wirkungsrichtung des Wettbewerbs beeinflusst werden. Der Marktmechanismus wird damit nicht etwa geschwächt oder eingeschränkt, sondern lebens- und gesellschaftsdienlich genutzt und damit in seiner Legitimität gestärkt. Dabei sind hinsichtlich des Problems zumutbarer Sachzwänge zwei Fälle zu unterscheiden:

- Im besten Fall lässt sich die Wirkungsrichtung der Preissignale des Marktes so gestalten, dass ethisch verantwortungsvolles Handeln – also die Rücksichtnahme auf Gesichtspunkte der Menschlichkeit, Sozial- und Umweltverträglichkeit des Wirtschaftens – vom Markt sogar „belohnt" statt „bestraft" wird. In diesem ordnungspolitischen Idealfall decken sich ethisch wünschbares und privatwirtschaftlich erfolgbringendes Handeln, so dass überhaupt kein Problem zumutbarer ethischer Selbstbegrenzung im privaten Erfolgsstreben mehr besteht. Dieser Idealfall ist allerdings „theoretischer" Natur; er kommt real kaum je vor, setzt er doch nicht weniger als eine perfekte Rahmenordnung des Marktes voraus. (Mehr zu dieser ordnungspolitischen Perspektive folgt in Kapitel 6.)

- Im zweitbesten Fall sind die Anreizstrukturen des Marktes ordnungspolitisch wenigstens so vernünftig gesetzt, dass die Wettbewerbsnachteile, die verantwortungsbewusste Wirtschaftsbürger durch den punktuellen Verzicht auf das Ergreifen einer Einkommens- oder Gewinnchance gelegentlich in Kauf zu nehmen haben, durch Mehrleistung anderer Art oder in anderen Situationen ohne weiteres wieder wettgemacht werden können. Die „Zumutung" an die Bürger, sich in ihrem Wirtschaftsleben moralisch selbst zu begrenzen, wird also gleichsam nur „in kleiner Münze" erhoben, wie Habermas es einmal formuliert hat.[109] Die Inkaufnahme solcher „Kleinkosten-Situationen"[110] gefährdet die Selbstbehauptung der Individuen im Wettbewerb nicht, beeinträchtigt ihre Lebenslage nur unwesentlich und ist eben deshalb zumutbar.

Um ein Bild zu zeichnen: Gute Sachzwangbegrenzungspolitik bietet auf diese Weise der latent überforderten Wirtschaftsbürgertugend *institutionelle Rückenstützen*. Nur so ist kein ethischer Heroismus nötig, um im Spannungsfeld der eigenen gemischten Motive – einerseits den eigenen Vorteil zu suchen, andererseits dabei ein „anständiger" Mensch zu bleiben und verantwortlich zu handeln – vielleicht nicht immer, aber immer öfter seinen besseren Einsichten zu folgen. Und

4. Wirtschaftsbürgerethik: Was heißt ein „guter Bürger" sein?

nur dann kann damit gerechnet werden, dass die Bürger normalerweise die moralische Stärke haben, den Versuchungen zum *moral freeriding*, zum rücksichtslosen Ausnützen aller Bereicherungschancen auf Kosten anderer, zu widerstehen. (*Free-rider* sind „Trittbrettfahrer": Wie Straßenbahnbenutzer, die „schwarz" fahren, also ohne gültiges Ticket, profitieren sie vom anständigen Verhalten der Mehrheit, ohne selbst ihren fairen Beitrag zu leisten.)

Wird die Bereitschaft der „Normalbürger" zur moralischen Selbstbegrenzung durch die regelmäßige Erfahrung *entmutigt*, dass man als „anständiger" Mensch meistens der Dumme ist, während sich „clevere" Ichlinge schamlos bereichern, so breitet sich in der Gesellschaft leicht eine allgemeine Mentalität der moralischen Skrupellosigkeit aus. Am Ende der dann einsetzenden Entwicklung steht bald einmal eine mehr oder weniger allgemein verbreitete *Korruption*. Sie ist, wie der renommierte amerikanische Rechtsphilosoph Frank I. Michelman formuliert hat, im Ansatz nichts anderes als „die Subversion des Allgemeinwohls durch Sonderinteressen"[111]. Das Gift der Korruption ist gleichsam der Gegenpol zum republikanischen Ethos der Selbstbegrenzung.

Daher gilt: Wirtschaftsbürgertugend gibt es nur als *allgemein* hochgehaltenes Ethos der Selbstbegrenzung im privaten Vorteilsstreben – oder bald einmal fast gar nicht mehr. Auch sie ist also, wie die wohlverstandene Freiheit, ein kostbares öffentliches Gut. Deshalb ist es so wichtig, sie zum einen durch eine Sachzwangbegrenzungspolitik allgemein zu ermutigen und zumutbar zu machen, sie zum andern aber auch immer wieder allgemein einzufordern. Versuchen wir jetzt in diesem Sinne zuerst einmal, Wirtschaftsbürgertugend „in kleiner Münze" zu konkretisieren. Was können wir von den Bürgern diesbezüglich im Allgemeinen verlangen, und was in speziellen Handlungsfeldern?

II. Orte wirtschaftsethischer Verantwortung

Allgemein zuzumuten ist den Wirtschaftssubjekten zumindest, dass sie prinzipiell bereit sein sollen, auf die *strikte* Vorteils-, Nutzen- oder *Gewinnmaximierung* zu verzichten. Mit andern Worten: Jedermann soll seine Handlungsabsichten prinzipiell von einer Legitimitätsprüfung abhängig machen und sie *zur Disposition* stellen, falls Zweifel an der Verantwortbarkeit entsprechenden Handelns bestehen. Es geht dabei darum, unsere Ziele oder Interessen im Lichte der legitimen Ansprüche anderer selbstkritisch zu überprüfen, kritische Einwände anderer ernst zu nehmen und von der rücksichtslosen Verfolgung unserer „privaten" Interessen abzusehen, sofern ethisch gute Gründe dagegen sprechen.

Was aber sind ethisch gute Gründe? Das sind, wie schon erwähnt, solche, die wir *unparteilich* vor oder gegenüber jedermann vertreten können, weil sie der prinzipiellen moralischen Gleichheit aller Personen Rechnung tragen (vgl. Abschnitt 3.1). Der Begriff der Zumutbarkeit steht exakt für die ethische Bedingung der *Austauschbarkeit der Perspektiven* zwischen Akteuren und Betroffenen: Indem ich mich als Akteur in einem *gedanklichen Rollentausch* in die Lage eines Betroffenen versetze, kann ich mich selbstkritisch befragen, ob ich mein Tun gleichsam „mit seinen Augen und von seinem Standort aus"[112] gutheißen könnte. Das gilt natürlich auch umgekehrt: Es besteht eine faire Symmetrie zwischen den unparteilich vertretbaren, wechselseitigen und genau deshalb auch wechselseitig *begrenzten* „Zumutungen" zwischen Akteuren und Betroffenen.

Dies bleibt zugegebenerweise noch ein reichlich abstraktes Orientierungskriterium. Wenden wir uns deshalb jetzt einigen konkreten wirtschaftsbürgerlichen Handlungsfeldern zu.

4.3 Der Wirtschaftsbürger als kritischer Konsument und Kapitalanleger

Was verantwortungsbewusste Wirtschaftsbürger in ihrer Rolle als *(selbst-)kritisch reflektierende Konsumenten* tun, lässt sich in wenigen Worten auf den Punkt bringen. Sie nutzen ihre Kaufentscheide, um den Anbietern auf dem Markt, der Politik und ihren Mitbürgern „Zeichen" zu geben – Zeichen dahingehend, dass sie nicht nur an preisgünstigen und funktional guten Produkten interessiert sind, sondern auch nach den humanen, sozialen und ökologischen Bedingungen des gesamten Wertschöpfungsprozesses dieser Produkte fragen: von der Gewinnung der Rohstoffe über die Weiterverarbeitung bis zur Vermarktung und der Entsorgung der Abfälle.

Dass solche wirtschaftsbürgerliche Selbstbindung an ethische Gesichtspunkte im persönlichen Konsumverhalten ein wirkungsmächtiger „Hebel" zur Veränderung sein kann, hat sich in den letzten Jahren etwa im Erfolg biologisch-dynamisch produzierter Lebensmittel und umweltschonender Gebrauchsgüter gezeigt. Zunehmend legen sensibilisierte Käuferinnen und Käufer auch Wert darauf, dass beispielsweise Textilien, Teppiche oder andere Produkte, die aus Drittweltländern stammen, nicht mittels Kinderarbeit oder unter anderen ausbeuterischen Arbeitsbedingungen erzeugt worden sind. Als normative Grundlage für die Definition fairer, nicht ausbeuterischer Arbeitsbedingungen steht die *Declaration on Fundamental Principles and Rights at Work* der Internationalen Arbeitsorganisation in Genf (International Labour Organization, ILO) zur Verfügung. Sie sieht folgende Kernarbeitsnormen vor: (a) die gewerkschaftliche Assoziationsfreiheit und das Recht auf Kollektivverhandlungen; (b) die Beseitigung aller Formen von Zwangsarbeit;

II. Orte wirtschaftsethischer Verantwortung

(c) das Verbot von Kinderarbeit; (d) die Beseitigung jeglicher Diskriminierung bezüglich der Arbeitsbedingungen.

Es erweist sich auch hier als besonders wirksam, wenn das wachsende individuelle Verantwortungsbewusstsein in klaren ordnungspolitischen Rahmenbedingungen des *Konsumentenschutzes* institutionelle Rückenstützen findet, etwa in der Verpflichtung der Anbieter zur vollständigen *Produktedeklaration* bezüglich Herkunft und Zusammensetzung, klar geregelter *Produzentenhaftung*, in der Unterstützung unabhängiger *Verbraucherorganisationen* und weiteren Maßnahmen, welche die Informations- und Rechtslage der Konsumenten verbessern. In den USA, wo es diesbezüglich besser steht als hierzulande, können sich kritische Konsumenten beispielsweise in der regelmäßig neu aufgelegten, in großen Auflagen vom renommierten *Council on Economic Priorities* (CEP) herausgegebenen Broschüre „Shopping for a Better World" über das humanitäre, soziale, gesellschaftliche und ökologische Geschäftsgebaren fast aller größeren Firmen informieren. Ein deutsches Gegenstück stellt der seit 1992 herausgegebene, online abrufbare „Unternehmenstest" des Instituts für Marketing-Umwelt-Gesellschaft (imug) an der Universität Hannover (Prof. Ursula Hansen) dar.[113]

Zur Transparenz beitragen können auch die an Zahl und Vielseitigkeit rasch zunehmenden *Gütesiegel (Labels)* und *Zertifikate*, wenn sie von glaubwürdigen, unabhängigen Trägern definiert, vergeben und kontrolliert werden. Gütesiegel beziehen sich eher auf Produktqualitäten, Zertifikate auf firmenspezifische Produktionsbedingungen, doch die Grenzen sind fließend. Als Beispiele dienen mögen die Gütesiegel *Blauer Umweltengel* für umweltschonende Produkte (in Deutschland), *BioSuisse* für biologisch-dynamisch produzierte (in der Schweiz) und *Max Havelaar* (international) für entwicklungspolitisch nachhaltig erzeugte Lebensmittel aus Drittweltländern (Abb. 12),

4. Wirtschaftsbürgerethik: Was heißt ein „guter Bürger" sein?

Die Mission der Max-Havelaar-Stiftung ist...

- den Produzenten und Plantagenarbeitern im Süden den Marktzugang für ihre Produkte zu fairen und nachhaltigen Bedingungen zu sichern;
- zu zertifizieren, dass Produkte, welche das Max Havelaar Gütesiegel tragen, gemäß den internationalen Kriterien des fairen und nachhaltigen Handels produziert und gehandelt werden (FLO: Fair Trade Labelling Organization).

Die Max-Havelaar-Stiftung...

- vergibt die Lizenz zur Verwendung des Max-Havelaar-Gütesiegels und handelt selber nicht direkt mit Produkten.
- Sie erarbeitet, überwacht und kontrolliert die Bedingungen des fairen Handels.

So profitieren alle vom fairen Handel:

- Die Bauern erhalten faire Preise,
- die Pflücker und Plantagenarbeiterinnen verbesserte Lebens- und Arbeitsbedingungen,
- die Lizenznehmer zuverlässige, motivierte Handelspartner,
- die Konsumentinnen und Konsumenten genießen wohlschmeckende Produkte von erstklassiger Qualität.

Abb. 12: Die Mission von Max Havelaar als Beispiel [116]

II. Orte wirtschaftsethischer Verantwortung

Care & Fair sowie *Rugmark* (in Deutschland) und *Step* (in der Schweiz) für kinderarbeitsfrei hergestellte Teppiche oder *SA 8000* als ein 1997 wiederum vom CEP lanciertes und bereits international bekanntes Zertifikat[114], das die Einhaltung der grundlegenden Menschenrechte und der schon erwähnten ILO-Kernarbeitsnormen bei der Produktion in Drittweltländern bestätigt.[115]

Rasch an Beachtung hat in jüngster Zeit aber auch die Rolle der Wirtschaftsbürger als *kritische Geld- und Kapitalanleger* gewonnen, vor allem in Zusammenhang mit dem „Aktiensparen". Wiederum geht es um die Nutzung des Potenzials, den Finanzmärkten ethisch gehaltvolle „Zeichen" zu geben – als weitere Variante des Mottos: Wenn schon Kapitalismus, dann gleich richtig! Es sind ja letztlich die Anleger, die – vermittelt über die so genannten Finanzintermediäre, d.h. die großen Anlagefonds und Pensionskassen – seit der Deregulierung der globalen Finanzmärkte den gewaltigen Druck auf die Unternehmensleitungen zur dezidierten Steigerung des *Shareholder Value*, des inneren Ertragswerts der Aktien, ausüben. Wenn heute sogar Kleinanleger, also normale Arbeitnehmer, sich mit ihren Ersparnissen *performance*-orientiert an der Börse betätigen, so sind sie sich in der Regel wohl kaum bewusst, dass sie selbst auf diese Weise, wenn auch natürlich nur marginal, Druck auf ihre Löhne oder gar in Richtung der Wegrationalisierung ihrer Arbeitsplätze ausüben. Es liegt daher in ihrem wohlverstandenen Eigeninteresse, wenn die Pensionskassen und Anlagefonds, in denen sie ihr Geld „arbeiten lassen", nicht bedingungslos auf Rentabilitätsmaximierung zielen, sondern neben einer angemessenen Rendite auch auf qualitative Gesichtspunkte eines humanen, sozial und ökologisch verträglichen Unternehmensgebarens achten. Die Zahl der *prinzipiengeleiteten Anlagefonds* wächst rasch, auch wenn ihre Konzepte

4. Wirtschaftsbürgerethik: Was heißt ein „guter Bürger" sein?

aus wirtschaftsethischer Sicht noch nicht immer besonders überzeugen.[117] Darüber hinaus existieren heute *Vereinigungen kritischer Aktionäre*, die sich über ihr Aktienstimmrecht an den jährlichen Generalversammlungen Gehör für unternehmensethische Anliegen verschaffen und so zur wachsenden öffentlichen Sensibilität für das Geschäftsgebaren großer Firmen beitragen. Das gelingt in der Regel weniger infolge des unmittelbar erzielten Eindrucks auf diese Versammlungen selbst als vielmehr über den Multiplikatoreffekt der Medienberichte. Als Vorreiter erwähnt sei die *Convention d'actionnaires Nestlé*, die schon seit vielen Jahren bestehende kritische Vereinigung von Nestlé-Aktionären; sie nennt sich abgekürzt in vielsagender Weise *CANES* (lateinisch: „Wachhunde") und bezieht zunehmend auch andere Firmen in ihre engagierte Tätigkeit ein.

4.4 Der Wirtschaftsbürger als „Organisationsbürger"

Die meisten Menschen sind heute in verschiedenen hierarchisch strukturierten, komplex-arbeitsteiligen Organisationen tätig, insbesondere im Erwerbsleben als Mitarbeiter einer Firma oder einer öffentlichen Verwaltung. Wirtschaftsbürgerethik bietet diesbezüglich das Konzept des *Organisationsbürgers* an.[118] Der republikanisch-ethische Kerngedanke kommt hier in der Weise zur Geltung, dass Organisationsbürger ihre organisatorisch eingegrenzte *funktionale Rollenverantwortung* in der Organisation nicht einfach von ihrer prinzipiell *unteilbaren Bürgerverantwortung* für die gesamten Folgen seines Tuns abspalten, sondern ihre Rolle selbst noch im Lichte ihrer umfassenderen Bürgerverantwortung reflektieren (Abb. 13).

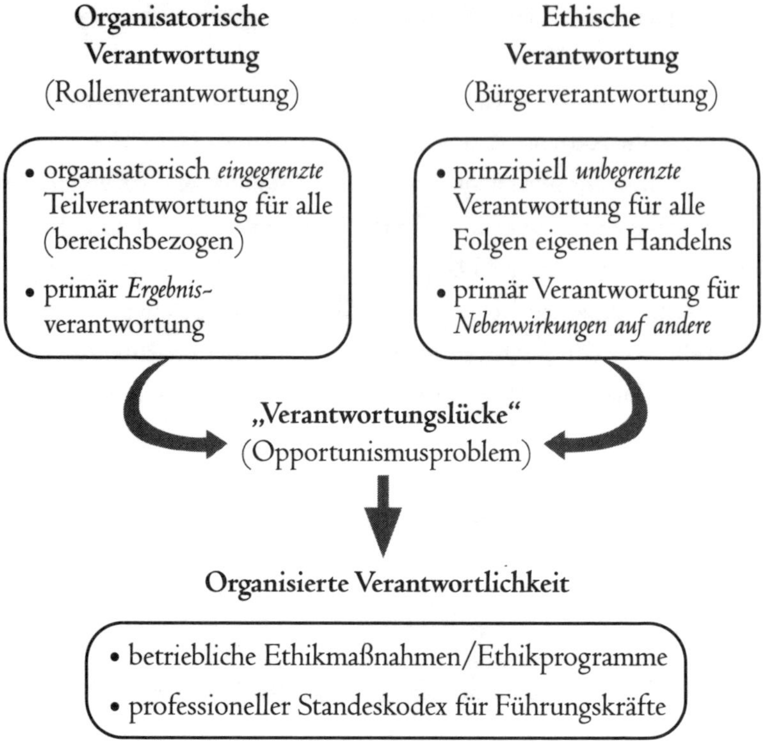

II. Orte wirtschaftsethischer Verantwortung

Organisatorische Verantwortung
(Rollenverantwortung)

- organisatorisch *eingegrenzte* Teilverantwortung für alle (bereichsbezogen)
- primär *Ergebnis*verantwortung

Ethische Verantwortung
(Bürgerverantwortung)

- prinzipiell *unbegrenzte* Verantwortung für alle Folgen eigenen Handelns
- primär Verantwortung für *Nebenwirkungen auf andere*

„Verantwortungslücke"
(Opportunismusproblem)

Organisierte Verantwortlichkeit

- betriebliche Ethikmaßnahmen/Ethikprogramme
- professioneller Standeskodex für Führungskräfte

Abb. 13: Die Verantwortungslücke zwischen betriebswirtschaftlich-organisatorischer und ethischer Verantwortung

Wohin es führen kann, wenn das Bewusstsein für die bedeutsame Differenz zwischen Bürger- und organisatorischer Rollenverantwortung gänzlich fehlt und Letztere zu einem blinden „Kadavergehorsam" übersteigert wird, haben in schlimmster Weise jene nationalsozialistischen Kriegsverbrecher demonstriert, die sich nach dem Zweiten Weltkrieg in den Nürnberger Prozessen einfach auf ihre

4. Wirtschaftsbürgerethik: Was heißt ein „guter Bürger" sein?

„Pflichterfüllung" als Offiziere und Beamten berufen und kaum Reue für ihre unmenschlichen Taten gezeigt haben.[119] In den komplex-arbeitsteiligen Organisationen der Wirtschaft ist blinder „Kadavergehorsam" glücklicherweise längst nicht mehr gefragt. Gewiss sollen Mitarbeiter im Rahmen der arbeitsvertraglich vereinbarten Aufgaben gegenüber ihrem Arbeitgeber loyal sein, dies jedoch stets im Sinne einer *kritischen Loyalität*.[120] Und das heißt: Der kritisch-loyale Mitarbeiter erachtet es als sein moralisches Recht und seine moralische Pflicht, unter Umständen *Zivilcourage* zu entwickeln. Er wird gegen Anweisungen oder Vorgänge, die er als moralisch nicht vertretbar erkennt, nötigenfalls Einspruch erheben, auch wenn er sich damit aus Sicht seiner Vorgesetzten unangenehm „exponiert". Natürlich gerät er dabei innerhalb hierarchischer Strukturen in ein persönliches *Opportunismusproblem* zwischen moralischer Integrität und Karrierezielen, falls seine Vorgesetzten mangels eigenem republikanischem Wirtschaftsethos für seinen potenziellen Einspruch wenig Verständnis erwarten lassen. Auch hier tun daher „institutionelle Rückenstützen" Not, die organisationsbürgerliche Zivilcourage zumutbar machen. Es braucht dafür innerbetriebliche Standards, auf die sich die Mitarbeitenden beziehen können, insbesondere ein ausdrückliches Recht zur Kritik.[121]

Hilfreich ist auch ein Standeskodex („Ehrenkodex") einer Berufsgruppe, auf den sich deren Mitglieder zur Begründung und „institutionellen Stärkung" eines Einspruchs gegenüber Vorgesetzten beziehen können. Ein gutes Beispiel bietet dafür der von der Schweizerischen Akademie der Technischen Wissenschaften (SATW) im Jahr 1991 verabschiedete Berufskodex „Grundsätze für Ingenieure/technische Wissenschafter", der im letzten seiner zehn Artikel folgenden bemerkenswerten, den Geist der kritischen Loyalität zum Ausdruck bringenden Grundsatz der *Wahrhaftigkeit* festhält:

II. Orte wirtschaftsethischer Verantwortung

„Wahrhaftigkeit gegenüber dem Mitmenschen und sich selber ist ein wesentlicher Bestandteil der persönlichen Ethik der Ingenieure / technischen Wissenschafter. Sie muss unerschütterliche Grundlage jedes technischen Tuns sein; sie kann auch Verweigerung von unverantwortbarer technischer Arbeit bedeuten."

In außerordentlichen Fällen, wo es um die Verletzung von Menschenrechten, um illegale oder sonstwie eindeutig gemeinwohlschädliche Praktiken der eigenen Firma geht, werden Mitarbeitende sich nach vergeblicher Ausschöpfung aller firmeninternen Möglichkeiten aus ihrer Bürgerverantwortung heraus vielleicht sogar moralisch verpflichtet fühlen, sich an die kritische Öffentlichkeit zu wenden, um von außen her Druck auf die Geschäftsleitung zu erzeugen. Man spricht dann neudeutsch von *Whistleblowing*, d. h. vom „Verpfeifen" des eigenen Arbeitgebers in der Öffentlichkeit. Da aus diesem Schritt unter Umständen schwere Schäden für den guten Ruf der Firma entstehen und sich der „Whistleblower" damit selbst unter hohen öffentlichen Rechtfertigungsdruck setzt, muss für den Gang von Organisationsbürgern in die kritische Öffentlichkeit eine doppelte Legitimitätsvoraussetzung erfüllt sein:

- *Ethischer Gehalt:* Es muss sich um ein erstrangiges ethisches Anliegen handeln, das sich aus dem Tatbestand der Verletzung von allgemeinen Menschen- oder Bürgerrechten der Betroffenen oder aus massiv gemeinwohlschädigendem Verhalten der Akteure begründen lässt und daher von öffentlichem Belang ist.

- *Ultima Ratio:* Zuerst sind vom Whistleblower alle zumutbaren Möglichkeiten des direkten Ein- oder Widerspruchs bei den zuständi-

4. Wirtschaftsbürgerethik: Was heißt ein „guter Bürger" sein?

gen Vorgesetzten oder Aufsichtsgremien der Firma auszuschöpfen. Die Organisation soll zuerst die Chance gehabt haben, das Problem intern zu erkennen und zu lösen. Der Weg an die Öffentlichkeit ist nur als letzte Option legitim.

Sind diese beiden Voraussetzungen gegeben, so ist in einer zivilisierten Gesellschaft von der prinzipiellen Schutzwürdigkeit des Whistleblowers auszugehen. Denn jede Organisation muss mit der Möglichkeit des moralischen Versagens ihrer Regeln oder einzelner Mitarbeitenden rechnen, genauso wie sich ein zivilisierter Rechtsstaat gerade dadurch auszeichnet, dass er mit seiner eigenen Fehlbarkeit rechnet und deshalb seinen Bürgern ein Grundrecht auf *zivilen Ungehorsam* im Falle eines schwerwiegenden Konflikts zwischen Gewissen und geltenden Gesetzen zuerkennt.[122]

An Aufsehen erregenden Fällen von Whistleblowing, wie es sie immer wieder gibt, ist leider oft nicht nur skandalös, was der Whistleblower ins Scheinwerferlicht der Öffentlichkeit holt, sondern wie er selbst danach von der verursachenden Organisation behandelt wird. Sogar die Gerichte bekunden Mühe damit, da die Weitergabe entsprechender „Insider-Informationen" hierzulande arbeitsrechtlich noch immer nicht eindeutig geregelt ist.[123] Erinnert sei an den weltweit Schlagzeilen machenden Fall ‚UBS vs. Christoph Meili', der gar kein gutes Licht auf die damalige Führung der schweizerischen Großbank warf, aber auch an den nicht minder berühmten, früheren Fall ‚Hoffmann-La Roche vs. Stanley Adams'.

- Der Wachmann Christoph Meili hatte 1997 im Schredderraum der inzwischen in der Fusionsfirma UBS aufgegangenen Schweizerischen Bankgesellschaft Dokumente gefunden, die offenbar

II. Orte wirtschaftsethischer Verantwortung

vernichtet werden sollten, obschon sie möglicherweise bedeutsame Inhalte über die zu dieser Zeit international heftig diskutierte Tätigkeit der Schweizer Banken während der Nazi-Zeit enthielten und eine solche Vernichtung gegen geltende Gesetze verstoßen hätte. Meili war nicht etwa Angestellter der Bank, sondern diese war Kundin der Wachgesellschaft, für die er arbeitete. Um die Vernichtung zu verhindern, übergab er seinen Fund der jüdischen Gemeinde Zürich. Daraufhin kündigte ihm die Wachgesellschaft fristlos, und der damalige Generaldirektor der Bank diskreditierte ihn öffentlich im Fernsehen in schwerster Weise, ohne seine Unterstellung unlauterer Motive belegen zu können. Dennoch ermittelte die Zürcher Staatsanwaltschaft nicht etwa gegen die Bank, sondern gegen Meili, wenn es am Ende auch nicht zur Anklageerhebung kam. Meili lebt seither in den USA.

- Der bedeutende Basler Pharmahersteller Hoffmann-La Roche hatte in den frühen 1970er Jahren seine marktbeherrschende Stellung im Vitamingeschäft mittels illegaler Geschäftspraktiken zu verteidigen versucht. Roche-Mitarbeiter Stanley Adams übergab 1973 den EU-Kartellbehörden in Brüssel Akten und Dokumente, die das belegten, nachdem man ihm firmenintern kein Gehör für seine Bedenken geschenkt hatte. Die EU-Behörden handelten unverzüglich, da eine klare Verletzung von Wettbewerbsregeln vorlag. Dennoch wurde Adams von der Firma hart sanktioniert und diskreditiert sowie während Jahren juristisch verfolgt, bis er am Ende (1979) gerichtlich voll rehabilitiert und die Firma verurteilt worden ist. (Die gleiche Firma ist im Herbst 2001 erneut wegen kartellistischer Preisabsprachen von den USA und der EU verurteilt und mit hohen strafrechtlichen Bußen belegt worden.)

4. Wirtschaftsbürgerethik: Was heißt ein „guter Bürger" sein?

Die Liste ähnlicher Vorfälle ist in praktisch allen Ländern lang. Dabei käme es in den meisten Fällen gar nicht zum Whistleblowing, hätten die betroffenen Firmen organisationsintern vorgesorgt durch die Pflege einer betrieblichen Verantwortungskultur und die Einrichtung tragfähiger Kanäle des kritischen Einspruchs für Mitarbeitende aller Ebenen. Die Gewährleistung eines organisationsbürgerlichen Rechts auf Anhörung würde, verbunden mit einer tragfähigen Verantwortungskultur, die meisten legitimen Gründe für das öffentliche „Verpfeifen" beseitigen und wäre insofern auch im Eigeninteresse der Firma an der Wahrung des guten Rufs klug.

Die Art und Weise, wie eine Firmenleitung mit Mitarbeitenden umgeht, die intern moralisch begründeten Einspruch erheben oder sie gar extern „verpfeifen", besagt in der Regel sehr viel über die bestehende oder eben nicht bestehende Integritäts- und Verantwortungskultur im Unternehmen. Stellensuchende sind daher gut beraten, sich am besten von vornherein Arbeitgeber zu suchen, die an verantwortungsbewussten, integeren Mitarbeitern interessiert sind und in ihren Betrieben eine *organisierte moralische Verantwortlichkeit* etabliert haben. Auf die vielfältigen betrieblichen Ethikmaßnahmen, die dazu beitragen, kommen wir im 5. Kapitel im Rahmen der Unternehmensethik noch zurück.

4.5 Der Wirtschaftsbürger als mitverantwortlicher Staatsbürger

Ohne Bürger, die einen gewissen Bürgersinn, eine gewisse Bereitschaft zur Übernahme von Mitverantwortung für die *Res publica* haben, lässt sich in einer freiheitlich-demokratischen Gesellschaft buchstäblich kein Staat machen. Das haben wir ja schon im 3. Kapitel gesehen.

Als wirtschaftsethisch aufgeklärte Staatsbürger sind wir vor allem aufgefordert, unsere (noch so bescheidene) *ordnungspolitische Mitverantwortung* bezüglich der Rahmenordnung des Marktes wahrzunehmen. Wir können dies tun, indem wir als stimmberechtigte Bürger im demokratischen Prozess nicht bloß auf unseren eigenen privaten Vorteil achten, sondern mit unserer Stimme vernünftige Reformvorhaben zur lebensdienlichen Ausrichtung und Einbindung der Marktdynamik in die Grundsätze einer wohlgeordneten Bürgergesellschaft und eines nachhaltigen Umweltschutzes unterstützen. Und zwar auch dann, wenn wir persönlich ein zumutbares, d. h. unsere Lebenslage nicht übergebührlich tangierendes „Opfer" dafür bringen müssen.

Leitstern für so verstandene ordnungspolitische Mitverantwortung ist einmal mehr die von Kant entworfene regulative Idee des „öffentlichen Gebrauchs der Vernunft" in der demokratischen Kommunikationsgemeinschaft freier und mündiger Bürger.[124] In einer modernen offenen Gesellschaft ist die *unbegrenzte kritische Öffentlichkeit* aller mündigen Personen als der ideelle Ort der Moral zu begreifen. Pragmatische Ansätze *deliberativer* (d. h. beratschlagender) *Politik*, wie die Politologen sie heute entwickeln, suchen zwischen diesem Vernunftideal politischer Ethik einerseits und der weitgehend interessen- und machtbasierten Realpolitik andererseits eine *Balance* zu etablieren und auf beide Seiten hin, die ethisch-ideelle und die empirische,

4. Wirtschaftsbürgerethik: Was heißt ein „guter Bürger" sein?

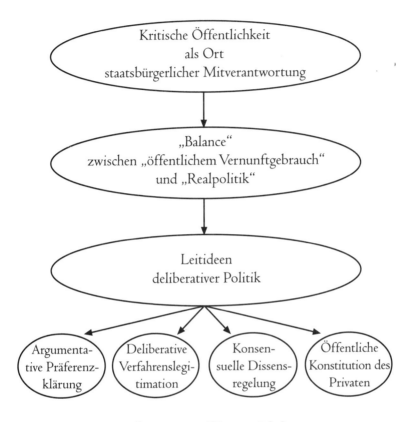

Abb. 14: Ansätze deliberativer Politik

anschlussfähig zu bleiben (Abb. 14). Wir wollen hier nicht näher auf die politisch-philosophischen Grundlagen eingehen und einfach nur vier wesentliche praktische Ansatzpunkte hervorheben:[125]

- Es kommt *erstens* darauf an, Foren des öffentlichen Dialogs zu installieren, wo die Bürger ihre *Präferenzen klären* können (d.h. herausfinden, was sie wirklich wollen), indem sie den argumentativen

Austausch *guter Gründe* praktizieren. Dadurch werden zugleich jene Lobbyisten, die nicht verallgemeinerbare Partikulärinteressen vertreten, unter den sanften Druck öffentlicher Legitimationsansprüche gestellt.

- Es geht deshalb *zweitens* darum, den ethisch-vernünftigen Gehalt demokratischer Abstimmungsergebnisse zu verbessern, indem deren Legitimationskraft nicht allein in der Ermittlung von quantitativen Mehrheiten, sondern vielmehr in der Qualität der vorangehenden öffentlichen Beratschlagungsprozesse gesehen und gesucht wird. Eine vielfältige Infrastruktur solcher *deliberativer Prozesse* stellt zwar keine Gewährsinstanz, aber immerhin eine „Krücke" der öffentlichen Vernunft dar, begründen sie doch immerhin die Vermutung, „einen gewissen Grad praktischer Rationalität" hervorzubringen.[126]

- Da *drittens* gerade bei politischen Themen, bei denen es um wirtschaftliche bzw. wirtschaftspolitische Interessenkonflikte geht, eine argumentative Einigung eher selten zu erreichen ist, sind für die Fälle argumentativ nicht auflösbarer Uneinigkeit wenigstens einvernehmlich (konsensuell) getragene Regeln des *zivilisierten Umgangs mit politischem Dissens* zu etablieren. Zu einer dementsprechenden politischen Streitkultur gehört die Bereitschaft zu *fairen Kompromissen*. Fair sind Kompromisse, wenn sie nicht bloß Abbild der Machtverhältnisse sind, sondern ihrerseits noch eine gewisse ethische Begründungsqualität aufweisen, indem sie für alle Parteien im Lichte ihrer legitimen Ansprüche zumutbar und *deshalb* allseits akzeptabel sind.

4. Wirtschaftsbürgerethik: Was heißt ein „guter Bürger" sein?

- *Viertens* kommt es gemäß dem republikanisch-liberalen Gesellschaftsleitbild darauf an, dass die *öffentliche Konstitution legitimer Freiräume privater Interessenverfolgung* von allen Staats- und Wirtschaftsbürgern anerkannt wird. Es gibt in einer freiheitlichen Gesellschaft nichts Öffentlicheres als die Abgrenzung dessen, was als privat gelten darf! „Privat" ist wirtschaftliches Handeln niemals von „Natur" aus, sondern im Prinzip immer erst, nachdem es den Legitimitätstest der öffentlichen Vertretbarkeit seiner Folgen, insbesondere seiner Human-, Sozial-, Demokratie- und Umweltverträglichkeit, bestanden hat. Auch alle Privatwirtschaft ist – das scheinen gewisse Protagonisten des Wirtschaftsliberalismus bisweilen zu übersehen – in einer offenen Gesellschaft öffentlich legitimiert und daher immer wieder zur öffentlichen Rechenschaftsablegung verpflichtet, soweit sie öffentliche Interessen tangiert. Der Anspruch einer vorpolitischen Abgrenzung des Privaten vom Öffentlichen verträgt sich demgegenüber nicht mit einem republikanisch aufgeklärten Begriff von Freiheit – auch von Wirtschaftsfreiheit – als der gleichen real lebbaren Freiheit aller.

Mit dem letzten Punkt haben wir fast „zwanglos" den Boden für das nächste Kapitel vorbereitet, in dem wir uns speziell der Unternehmensethik, einem der wichtigsten Zweige der modernen Wirtschaftsethik, zuwenden wollen.

5. Unternehmensethik: Wie wird ein Unternehmen zum „Good Corporate Citizen"?

Zu den wichtigsten Akteuren in der Wirtschaft gehören natürlich die Unternehmer. Allerdings ist ja heute – trotz eines beachtlichen Trends zur neuen Selbstständigkeit und neuem Unternehmertum – längst nicht mehr der klassische private Eigentümer-Unternehmer tonangebend, sondern die rechtlich als unpersönliche Gesellschaft verfasste Firma („société anonyme", so die französische Bezeichnung für die Aktiengesellschaft). Sie wird von angestellten Führungskräften (Managern) geleitet. Hier herrscht in der Regel eine ganz andere „Unternehmenskultur" als in traditionellen Familienunternehmen, die oft noch in sehr persönlicher, gegenüber Mitarbeitenden, Kunden, Lieferanten und regionaler Allgemeinheit verantwortungsbewusster Weise geführt werden. Eigentlich lässt sich also kaum mehr pauschal von *den* Unternehmern sprechen. Gleichwohl macht es Sinn, das republikanisch-liberale Konzept des Wirtschaftsbürgers gerade auch auf große Unternehmen zu übertragen und sie als *Corporate Citizens* in die Pflicht zu nehmen. Der Begriff der „Good Corporate Citizenship" breitet sich derzeit in der Praxis überraschend schnell aus. Worum geht es dabei?

Führen wir uns zur Einstimmung zunächst die aktuellen Selbstbekenntnisse von vier namhaften Firmen zur Corporate Citizenship zu Gemüte (5.1). Sie lassen noch einige Verwirrung erkennen bezüglich der systematischen Kernfrage, wie sich denn der Ruf nach Unternehmensethik zum üblicherweise für die Privatwirtschaft als gültig betrachteten „Gewinnprinzip" verhält (5.2). Nach der prinzipiellen Klärung dieser Frage nehmen wir zwei verbreitete unternehmensethische Denkmuster etwas genauer unter die Lupe, die einem republika-

5. Unternehmensethik: Wie wird ein Unternehmen zum „Good Corporate Citizen"?

nisch-liberalen Verständnis des Unternehmens als „guter Bürger" *nicht* genügen, da sie das Gewinnprinzip in je nur spezifisch halbierter Weise überwinden (5.3). Im nächsten Schritt können wir dann auf den Punkt bringen, worauf es für ein tragfähiges Konzept von (Good) Corporate Citizenship grundlegend ankommt (5.4). Abschließend werden kurz die praktischen Bausteine eines dementsprechenden unternehmerischen „Ethikprogramms" skizziert (5.5).

5.1 Corporate Citizenship – das „glänzende" neue Selbstbekenntnis der Unternehmen

Zu den Firmen, die sich neuerdings ausdrücklich auf den Begriff der Corporate Citizenship[127] beziehen, gehören mindestens vier *Global Players* mit Stammsitz im deutschsprachigen Raum: Deutsche Bank und UBS, Novartis und Siemens. Beginnen wir mit dem Basler Pharmagiganten *Novartis*. Der Geschäftsbericht 2000 der Firma bietet in seiner auf Hochglanzpapier gedruckten, immer noch 40-seitigen Kurzform als „Geschäftsübersicht" unter der Headline „Wir bekennen uns zu gesellschaftlichen Verpflichtungen" folgende Einführung in das Thema:

„In den Stadtstaaten des alten Griechenlands und Roms war der Titel ‚Bürger' eine ehrenvolle Bezeichnung. Mit dieser Ehre einhergingen aber auch bestimmte Verantwortlichkeiten. Ähnlich ist es mit dem Konzept des Unternehmens als Bürger. Es bedeutet, in stärkerem Maße Verantwortung für die Entwicklungen unserer Welt zu übernehmen und Worte in Taten umzusetzen."

II. Orte wirtschaftsethischer Verantwortung

Schöne Worte zunächst, wenn es auch verblüfft, dass nicht etwa auf den Begriff des *modernen* Bürgers in der freiheitlich-demokratischen Gesellschaft, sondern auf die antiken Verhältnisse Bezug genommen wird. Immerhin gilt es zu bedenken, dass die freien Bürger der griechischen Polis eine ziemlich kleine Elite waren, nämlich die wirtschaftlich unabhängigen Herren. Sie ließen Sklaven und wenn möglich auch einen Haus- oder Betriebsverwalter für sich arbeiten, wie man bei Aristoteles nachlesen kann:

„Wer es sich also leisten kann, sich nicht selbst abzumühen, bei dem übernimmt ein Verwalter dieses Amt [d.h. die Besorgung des *oikos*, der Hauswirtschaft, P.U.], und die Herren selbst treiben Politik oder Philosophie."[128]

Übersehen wir einmal diesen herrschaftlichen Touch im Selbstverständnis von Novartis als (gutem) Bürger und fragen nach den „Taten", in welche die Firma ihre Worte umsetzt. Novartis verweist als Erstes darauf – und das ist im positiven Sinn bemerkenswert –, dass sie die Initiative „Global Compact" des UNO-Generalsekretärs Kofi Annan unterstützt und bei ihrer Umsetzung zu den führenden Unternehmen gehören möchte. Die Grundsätze dieser Initiative, die Novartis in ihrem ergänzenden „Bericht 2000 zu Gesundheit, Sicherheit und Umwelt: Nachhaltigkeit und der UN Global Compact" im vollen Wortlaut wiedergibt, umfassen neun Prinzipien zu drei Bereichen: Wahrung der Menschenrechte, Schaffung gerechter Arbeitsbedingungen und Schutz der Umwelt (Abb. 15). Dass Novartis einen jährlichen GSU-Bericht (Gesundheit, Sicherheit, Umwelt) herausgibt, entspricht – wenn auch nicht in ganz deckungsgleicher Weise – dieser Selbstverpflichtung, gemäß dem legitimen Motto: „Tue Gutes

5. Unternehmensethik: Wie wird ein Unternehmen zum „Good Corporate Citizen"?

und rede darüber!" Zum Engagement der Firma als „guter (Welt-) Bürger" gehört seit langem auch die Novartis-Stiftung für Nachhaltige Entwicklung, die zahlreiche Projekte vor allem in den ärmsten Ländern der Welt unterstützt.

Laut dem Geschäftsbericht 2001 stellt die Firma für die nächsten Jahre beispielsweise „einige hundert Millionen Franken für die Bekämpfung von Krankheiten bereit, an denen die Bevölkerungen in den ärmsten Ländern unserer globalen Gemeinschaft leiden", wobei ein erster Schwerpunkt die Bekämpfung der Malaria in Kooperation mit der Weltgesundheitsorganisation (WHO) ist. Die verschiedenen Engagements von Novartis sind inzwischen in ein einheitliches „Regelwerk" von „Grundsätzen zur gesellschaftlichen Verantwortung" eingebettet worden. Darüber hinaus wird von neu geschaffenen, allerdings nicht näher erläuterten „verbindlichen Richtlinien für ein ethisch einwandfreies Geschäftsverhalten" berichtet.

Bemerkenswert selbstkritisch wird im jüngeren der beiden Geschäftsberichte (2001) eingeräumt, Novartis' „Politik der Verantwortung gegenüber der Gesellschaft" befinde sich „im Aufbau", und vor der Firma liege „noch ein langer Weg". Ob da Lehren aus öffentlicher Kritik an weniger vorbildlichen Verhaltensweisen gezogen worden sind? Noch vor kurzem ließ das konsequente Engagement des Pharmagiganten für die Ausrottung verbreiteter Krankheiten bei den Ärmsten in der Dritten Welt, die über keine Kaufkraft verfügen und mit denen sich folglich kein Geld verdienen lässt, durchaus Zweifel offen. Wie war das etwa beim Kampf der 39 weltweit führenden Pharmahersteller *gegen* Südafrikas Regierung, als sich diese vergeblich um die billigere, für das Land bezahlbare Abgabe von Aids-Medikamenten bemühte? Nicht alle, aber doch einige Pharmakonzerne zeigten sich da eher hartherzig. So begann Südafrikas Regierung unter Miss-

II. Orte wirtschaftsethischer Verantwortung

Der UN-Generalsekretär Kofi A. Annan hat Unternehmensführer in der ganzen Welt aufgefordert, die „Global Compact"-Initiative in ihrem Unternehmen zu implementieren und umzusetzen sowie entsprechende politische Maßnahmen zu unterstützen. Die Grundsätze der Initiative beziehen sich auf die **Wahrung der Menschenrechte**, die **Schaffung gerechter Arbeitsbedingungen** und den **Schutz der Umwelt**.

Menschenrechte

Der UN-Generalsekretär fordert globale Unternehmen auf:

Prinzip 1: sich im Rahmen ihres Einflussbereichs für die Wahrung der internationalen Menschenrechte einzusetzen und entsprechend zu handeln
Prinzip 2: sicherzustellen, dass ihr Unternehmen sich von Partnern distanziert, die die Menschenrechte missachten

Gerechte Arbeitsbedingungen

Der Generalsekretär fordert globale Unternehmen auf:

Prinzip 3: die Versammlungsfreiheit zu respektieren und das Recht auf Tarifverhandlungen anzuerkennen
Prinzip 4: jegliche Form von Zwangsarbeit abzuschaffen
Prinzip 5: Kinderarbeit grundsätzlich zu verbieten
Prinzip 6: keinerlei Diskriminierung in Bezug auf Arbeit und Beschäftigung zuzulassen

5. Unternehmensethik: Wie wird ein Unternehmen zum „Good Corporate Citizen"?

> **Umwelt**
>
> Der Generalsekretär fordert globale Unternehmen auf:
>
> *Prinzip 7:* Umweltprobleme mit Umsicht zu lösen
> *Prinzip 8:* Initiativen zu lancieren, die die Verantwortung gegenüber der Umwelt fördern
> *Prinzip 9:* sich für die Entwicklung und Verbreitung umweltfreundlicher Technologien einzusetzen

Abb. 15: Die UN-Initiative „Global Compact"

achtung der Patente, mit denen diese Firmen ihre hohen Preise vor Nachahmerprodukten (sog. Generika) schützen, im eigenen Land radikale Preissenkungen anzuordnen. Während andere Pharmafirmen sich schließlich im Jahr 2001 bereit erklärten, dem Land ihre Aids-Medikamente in großen Mengen stark verbilligt oder sogar kostenfrei zur Verfügung zu stellen, tat sich der „Corporate Citizen" Novartis nicht besonders hervor, auch wenn die Firma immerhin nicht zu den ganz abwehrenden Hardlinern der Branche gehörte. Offenbar aber erkannte Novartis da noch keinen direkten Zusammenhang zwischen der fraglichen Geschäftstätigkeit und dem erklärten Leitgedanken der Corporate Citizenship.

Schauen wir mal, ob vielleicht *Siemens* diesbezüglich konsequenter und konsistenter handelt. Immerhin wagt sie es bisher als einzige unter den vier genannten Firmen, ihren Bericht „Unser Engagement für die Gesellschaft" des Jahres 2000 unmittelbar als „Corporate Citizenship Report" zu titulieren. Das Editorial, gezeichnet vom Vorstandsvorsitzenden, klingt vielversprechend:

„Mit dem vorliegenden *Corporate Citizenship Report* ergänzen wir unsere Finanz- und Umweltberichterstattung um einen dritten Aspekt: unser Handeln und Wirken in der Gesellschaft. Auf diese Weise verdeutlichen wir zugleich unser Selbstverständnis, dass Geschäftserfolg und gesellschaftliches Engagement zusammengehören und im Zeitalter der Globalisierung eng miteinander verwoben sind. (...)
Wir verstehen uns als Corporate Citizen, als Mitglied der jeweiligen Gesellschaft überall da, wo wir unternehmerisch aktiv sind. (...) Dabei treffen wir auf die unterschiedlichsten Herausforderungen und Erwartungen in Wirtschaft, Gesellschaft und Umwelt. In den Vereinigten Staaten sind es andere Themen und Aufgaben als in Deutschland, in Südafrika andere als in China, in Russland andere als in Brasilien und in der Türkei andere als in Australien. (...)
Im Corporate Citizenship Report (...) geht es um gesellschaftliche Aktivitäten, das Engagement für eine humane Welt. (...) Wir wollen mitgestalten und Mitverantwortung übernehmen in der Gesellschaft, von deren Fortschritt und Integrationskraft alle profitieren."

Wie lebt Siemens diesem Bekenntnis nach? Zunächst steht die Firma im Corporate Citizenship Report 2000 ohne Wenn und Aber zu ihrer moralischen Verantwortung für die Beschäftigung von Zwangsarbeitern während des Zweiten Weltkriegs und dem sich daraus begründenden (späten) Engagement in der Stiftung von Staat und

5. Unternehmensethik: Wie wird ein Unternehmen zum „Good Corporate Citizen"?

Wirtschaft für humanitäre Hilfe an die noch lebenden Betroffenen. Die weiteren Umsetzungsberichte beziehen sich hingegen kaum mehr auf die grundlegende Geschäftsphilosophie der Firma. Vielmehr umfassen sie einerseits Maßnahmen der Aus- und Weiterbildung, erklärtermaßen „zugleich eine *Investition* in die Zukunft des Unternehmens und jedes einzelnen Mitarbeiters" (Hvh. P. U.), und andererseits ein kunterbuntes Spektrum der „mäzenatischen Tradition": „Siemens nimmt seine gesellschaftliche Verantwortung sehr ernst und spendet weltweit Mittel für wohltätige Zwecke." Zwischen *investivem* „*Engagement*" in den eigenen längerfristigen Geschäftserfolg und *Spendenethik* weit außerhalb der „normalen" Geschäftsaktivitäten scheint das diffus bleibende Siemens-Konzept von Corporate Citizenship etwas ratlos hin- und herzuschwanken. Diese beiden Denkmuster werden wir in Abschnitt 5.3 noch näher beleuchten.

Wechseln wir nun erst einmal von München an die Zürcher Bahnhofstraße. Die *UBS*, weltweit größte Vermögensverwalterin, verkündet in ihrem Bericht „Kunden, Mitarbeiter, Aktionäre und die Gesellschaft – Unser Engagement 1999/2000" in großen Lettern:

„Als Good Corporate Citizen möchten wir den Gemeinschaften, in denen wir tätig sind, etwas zurückgeben."

Fast könnte man bei dieser Motivangabe auf die Idee kommen, die Großbank habe diesen „Gemeinschaften" vorher etwas weggenommen. Warum will sie ihnen denn etwas davon „zurückgeben"? Das Dokument gibt darüber wohl ungewollt klaren Aufschluss, und zwar schon im allerersten Satz des Vorworts, gezeichnet vom Verwaltungsratspräsidenten sowie vom Vorsitzenden der Konzernleitung:

> „Als Unternehmen können wir nur *Erfolg* haben, wenn wir mit allen unseren Ansprechgruppen – Aktionären, Kunden, Mitarbeitern und Öffentlichkeit – den Dialog pflegen, und wenn wir Mehrwerte schaffen, die den verschiedenen Gruppen zugute kommen." (Hvh. P. U.).

Hier wird das schon bei Siemens latente instrumentalistische Missverständnis von Unternehmensethik (als Mittel zum Zweck der Erfolgssicherung) nun unzweifelhaft manifest. Dabei scheint die UBS davon auszugehen, dass zwischen „Aktionären, Kunden, Mitarbeitern und Öffentlichkeit" zumindest in längerfristiger Perspektive eine problemlose Interessenharmonie besteht. Zu lesen steht dazu:

> „Wir wollen nicht verschweigen, dass sich kurzfristig die Interessen nicht immer decken. [Es]... mögen gelegentlich bei kurzfristiger Betrachtung Widersprüche bestehen. Längerfristig gibt es aber nur ein Interesse: ein nachhaltiges Wachstum des Unternehmens. Diesem Ziel müssen alle unsere Bestrebungen dienen."

Alles klar – außer: Woher weiß eigentlich die UBS-Leitung, dass dieses *Firmenziel* gleichzeitig das Interesse aller, also offenbar das allgemeine Interesse ist? Die definitive UBS-Antwort lautet:

> „Indem wir für unsere Aktionäre Mehrwerte schaffen, schaffen wir auch Mehrwerte für alle anderen Ansprechgruppen."

Deshalb brauchen diese „Ansprechgruppen" selbst keine eigenen *Ansprüche* mehr anzumelden und sich – mit Ausnahme der Anspruchsgruppe der Aktionäre oder *Shareholder*, die sogar *maßgebliche* Ansprüche

5. Unternehmensethik: Wie wird ein Unternehmen zum „Good Corporate Citizen"?

haben, also offenbar etwas „gleicher" als die andern sind (Abb. 16) – bloß noch „ansprechen" zu lassen. Es ist also wohl kein Zufall, dass die UBS den sonst üblichen Begriff der „Anspruchsgruppen" des Unternehmens (englisch: *Stakeholder*) konsequent vermeidet.[129] Die marktmetaphysische Gemeinwohlfiktion und der *Shareholder Value*, auf den wir im nächsten Abschnitt näher eingehen, lassen grüßen!

Immerhin steht im UBS-Credo aber auch noch Folgendes zu lesen:

„Die Respektierung ethischer Normen und das Finden der Balance zwischen verschiedenen Interessen, mit denen wir uns konfrontiert sehen, gewinnen an Bedeutung."

Welches die praktische „Bedeutung" ethischer Normen bei UBS ist, wird so jedoch gerade *nicht* klar; mit einer bloßen (machtbasierten?) „Interessenbalance" ist es jedenfalls nicht getan. Die geradezu gegensätzlichen Konzepte des prinzipiengeleiteten Handelns („Respektierung ethischer Normen") und der (prinzipienfreien, opportunistischen) Suche nach einem Machtgleichgewicht („Interessenbalance") stehen ungeklärt nebeneinander. Auch passt die Idee der *Balance* nicht unbedingt zur erklärten vorrangigen Bedienung der Aktionäre, es sei denn, der „Gleichgewichtspunkt" sei selbst noch durch den größtmöglichen Shareholder Value definiert. Am Ende gewinnt vor allem der Eindruck an Bedeutung, dass die UBS-Leitung wohl noch kein besonders trennscharfes, wirklich handlungsorientierendes Konzept von Unternehmensethik haben kann, sonst wären so unklare bis inkonsistente Aussagen kaum aufs edle Selbstdarstellungspapier gelangt.

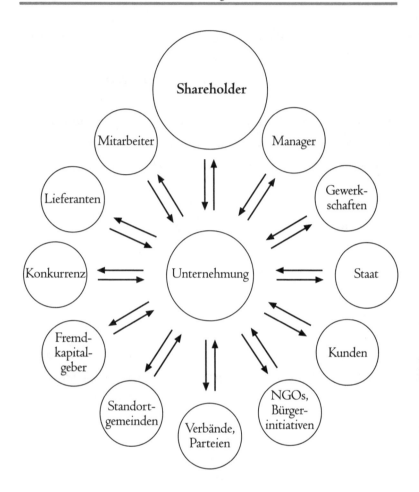

*Abb. 16: Anspruchsgruppen der Unternehmung
(mit ungleicher Gewichtung gemäß Shareholder-Value-Doktrin)*

Werfen wir zuletzt noch einen kurzen Blick auf die *Deutsche Bank* als Branchenkollegin der UBS. „Engagement heute – Verantwortung für morgen" heißt ihr entsprechender Bericht. Im Editorial des Vor-

5. Unternehmensethik: Wie wird ein Unternehmen zum „Good Corporate Citizen"?

standssprechers vernimmt man auch hier, dass „die Deutsche Bank ein Unternehmen mit *Bürgersinn*, ein ‚*Good Corporate Citizen*' sein" will. Das mutige Bekenntnis zum Bürgersinn[130] ändert aber nichts an der auch hier zu findenden bunten Mischung von geschäftsneutraler Spendenethik („Es gilt durch konkrete Hilfen Gutes zu tun – und zu bewirken!") und investiver Grundhaltung. Letztere wird gleich im Anschluss an das Credo der Good Corporate Citizenship in die Waagschale geworfen, *als ob* es sich um ein unternehmensethisches Postulat handelte:

„... ein ‚Good Corporate Citizen' sein. Dafür genügt es nicht, in Einklang mit den Gesetzen zu leben und wirtschaftlichen Erfolg zu erreichen – hinzukommen muss vielmehr die *gesellschaftliche Akzeptanz.*" (Hvh. P. U.)

Wie soll man dieses Akzeptanzstreben verstehen – etwa als *Inbegriff* des „Bürgersinns" oder gar als dessen geschäftspolitische (Möglichkeits-)*Bedingung* und *Grenze*? Offenbar hat sich der „Sprecher" des Vorstands der größten deutschen Bank (oder sein PR-Verantwortlicher) bezüglich der fundamentalen Differenz zwischen dem strategischen Gesichtspunkt der *Akzeptanzsicherung* (d.h. dem Ziel der *faktischen* Abwesenheit von gesellschaftlicher Kritik am Firmenverhalten) und dem ethischen Anspruch der *Legitimation* (als *normativ* gut begründeter Rechtfertigung) noch nie „ansprechen" lassen...

Fazit: Echte unternehmensethische Handlungsorientierung vermögen alle diese schönen Bekenntnisse angesichts ihrer Schwammigkeiten und Begriffskonfusionen kaum zu geben; sie bleiben – vielleicht mit Ausnahme von Novartis – erstaunlich *unpraktisch* und landen daher wohl weit unten in den Schubladen der Führungskräfte. Um aber

II. Orte wirtschaftsethischer Verantwortung

einem möglichen Missverständnis vorzubeugen: Es ging hier nicht etwa darum, das Selbstverständnis der exemplarisch vorgestellten Firmen, die sich explizit zur Corporate Citizenship bekennen, schlecht zu machen; im Gegenteil ist ihr pionierhafter Mut dazu ebenso zu begrüßen wie die Tatsache, dass sie schon manches leisten, was durchaus in die richtige Richtung geht. Nur zeigt sich eben in der teilweise verräterischen Sprache der Selbstdarstellung noch eine gewisse Unprofessionalität, ja Hilflosigkeit in Sachen Ethik. Etwas nachholende unternehmensethische Aufklärung stünde diesen und vielen anderen Firmen, die doch sonst größten Wert auf ihre professionelle Spitzenqualität legen, nicht schlecht an...

5.2 Unternehmensethik und „Gewinnprinzip" – ein Stück nachholende Aufklärung

Vor allem beim UBS-Beispiel schimmert durch, dass man sich letztlich noch immer am so genannten Gewinnprinzip orientiert, d. h. der Vorstellung, dass die oberste – und legitime! – Aufgabe des Managements in der „nachhaltigen" Gewinn- oder Rentabilitätsmaximierung bestehe, wie sie sich bei börsenkotierten Firmen etwa im *Shareholder Value* niederschlägt. Der Shareholder Value ist eine präzisierte Fassung des Gewinnprinzips. Er definiert dieses durch den kapitalisierten Wert aller (auf den Gegenwartswert diskontierten) zukünftig erwarteten Nettoerträge des Unternehmens, womit das Problem gelöst ist, dass sonst kurzfristige Gewinnmaximierung zu Lasten der „nachhaltigen" Ertragskraft des Unternehmens betrieben werden könnte.[131]

Das Gewinnprinzip, in welcher Variante auch immer, ist natürlich ein *normatives* Konzept mit unternehmens*ethischem* Geltungsanspruch.

5. Unternehmensethik: Wie wird ein Unternehmen zum „Good Corporate Citizen"?

Es besagt, dass es nicht nur das legitime Recht, sondern sogar die moralische Pflicht des Unternehmens sei, sich strikt auf die (langfristige) Gewinnmaximierung zu konzentrieren, und zwar deshalb, weil eben dieses unternehmerische Gebaren dank dem segensreichen Wirken der „unsichtbaren Hand" des Marktes gemeinwohldienlich sei.[132] Was für eine wunderbar harmonievolle *Nirwana-Ökonomie!*

Dem Unternehmer, der sich als Homo oeconomicus versteht, gibt sie gleichsam einen magischen Trichter in die Hand: Sämtliche möglichen Konflikte zwischen verschiedenen gesellschaftlichen Ansprüchen an das Wirtschaften zaubert er weg, indem er sie auf *eine* homogene Größe reduziert, die nur zufälligerweise mit dem Gewinninteresse der Kapitaleigner identisch ist (Abb. 17).[133]

Was der magische Trichter nicht einzutrichtern vermag, das nennt man dann bezeichnenderweise „externe Effekte", sieht darin aber üblicherweise eher ein marginales Problem. Das Gewinnprinzip gilt in diesem Sinne bis heute in den betriebswirtschaftlichen Lehrbüchern als wertfreies und interessenneutrales „Formalziel" im Dienste des Gemeinwohls.[134] Seine berühmteste Version stammt vom amerikanischen Ökonomen und Nobelpreisträger Milton Friedman und lautet:

„The social responsibility of business is to increase its profits"[135] (and nothing else!).

Der Marktmetaphysiker Friedman hat sich hier mit der Wahl des Adjektivs „social" keineswegs versprochen, sondern meint wirklich, was er sagt. In eindeutigem Deutsch doppelt beispielsweise Gerd Habermann nach, der Vordenker der einflussreichen Arbeitsgemeinschaft Selbständiger Unternehmer (ASU) in Deutschland:

II. Orte wirtschaftsethischer Verantwortung

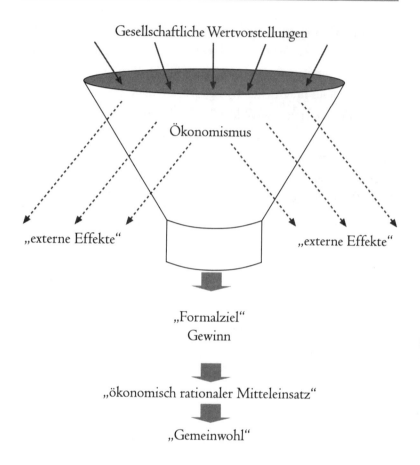

Abb. 17: Der „magische Trichter" des Homo oeconomicus

„So hat auch der gewerbliche *Unternehmer* ein spezifisches *Ethos*, dem er nachleben *muss*, wenn er seiner sozialen Funktion und Aufgabe entsprechen soll. Seine höchste ‚soziale Verantwortung' besteht darin, auf möglichst wirtschaftliche Art Güter und Dienstleistungen anzubieten. Sein *Imperativ als Unternehmer* heißt darum: Produ-

5. Unternehmensethik: Wie wird ein Unternehmen zum „Good Corporate Citizen"?

ziere! Nütze deinem Kunden! *Sei erfolgreich!* ‚Unternimm'! Zwischen dem *ökonomisch Gebotenen* und dem *moralisch Richtigen* besteht für ihn insoweit kein Gegensatz: *beide fallen zusammen.* Es widerspricht so auch nicht der Moral, sondern ist geradezu *sittliche Pflicht des Unternehmers*, im Rahmen der Unternehmensräson alles zu tun, um das Unternehmen ‚fit' zu halten, auch etwa für einzelne Mitarbeiter schmerzliche Maßnahmen durchzuführen. Voraussetzung ist allerdings, dass der produzierende Unternehmer die allgemeineren moralischen und gesetzlichen Regeln beachtet, wie dies auch von jedermann sonst verlangt wird. Nur insoweit er dies nicht tut, kann er in einen Konflikt geraten. Innerhalb dieser Regeln ist jedoch das *unternehmerische Handeln selber erste sittliche Pflicht.*"[136]

In dieser eindrücklichen Argumentation zum (kategorischen?) „Imperativ" des Unternehmers erkennt man andeutungsweise noch eine weitere Strategie zur Rettung des „Gewinnprinzips", nämlich mittels eines Sachzwangarguments. Da die einzelnen Unternehmen unter Wettbewerbsbedingungen stünden, so lautet das Argument, könnten sie ethischen Gesichtspunkten gar nicht Rechnung tragen, soweit dies auf Kosten des „ökonomisch Gebotenen" (Habermann) ginge – es sei denn bei Strafe des Verlusts ihrer Wettbewerbsfähigkeit. Der primäre Ort der Moral sei in der Marktwirtschaft daher nicht das einzelne Unternehmen, sondern die Rahmenordnung des Marktes. Das ist durchaus richtig, wenn es nicht verabsolutiert und zum ideologischen Zweck der Entlastung der Unternehmen von direkten Verantwortungszumutungen missbraucht wird. Sonst läuft es auf folgende „rahmendeterministische" Wiederherstellung des Gewinnprinzips hinaus, wie sie vor allem der Wirtschaftsethiker (oder vielmehr Moralökonom) Karl Homann vertritt:

II. Orte wirtschaftsethischer Verantwortung

> „Langfristige *Gewinnmaximierung* ist (...) *nicht ein Privileg* der Unternehmen, für das sie sich ständig entschuldigen müssten, es ist vielmehr ihre *moralische Pflicht*, weil genau dieses Verhalten – unter Voraussetzung einer geeigneten Rahmenordnung – den Interessen der Konsumenten, der Allgemeinheit, am besten entspricht."[137]

Das kann so nicht stimmen, denn die meisten von uns sind ja nicht einfach nur Konsumenten (mit Interesse an preisgünstigen Produkten), sondern auch Arbeitnehmer (mit Interesse an anständigen Arbeitsbedingungen und guten Löhnen) ebenso wie Bürger (mit Interesse an einer guten Ordnung der *Res publica*). Und zwischen diesen verschiedenen Rollen bestehen durchaus Wert- und Interessenkonflikte. Aber ganz abgesehen davon und grundsätzlicher: Die unternehmerische Freiheit wird ja – genauso wie die (in Kapitel 3 erhellte) Bürgerfreiheit – „durch eine geeignete Rahmenordnung" nicht etwa eliminiert, sondern überhaupt erst *konstituiert*. Also heißt auch hier die Kehrseite der Münze der (unternehmerischen) Freiheit unabdingbar Selbstverantwortung! Die Pflicht, die Verantwortbarkeit einer unternehmerischen Geschäftsstrategie gegenüber allen Betroffenen zu begründen, nötigenfalls auch vor der unbegrenzten kritischen Öffentlichkeit, obliegt dabei der Unternehmensleitung. Sie kann sich dieses Verantwortungsanspruchs nicht entledigen, indem sie auf Sachzwänge verweist oder pauschal behauptet, der Wettbewerb diene automatisch dem Gemeinwohl. Nobelpreisträger Gunnar Myrdal hat dieses Denkmuster schon vor mehr als einem halben Jahrhundert treffend als die „kommunistische Fiktion" des Wirtschaftsliberalismus bezeichnet.[138]

Dass an der unterstellten Gemeinwohldienlichkeit des „Gewinn-

5. Unternehmensethik: Wie wird ein Unternehmen zum „Good Corporate Citizen"?

prinzips" etwas nicht stimmen kann, lässt sich mit einer einfachen logischen Überlegung zeigen. Die Stärke des nachfolgenden Arguments liegt gerade darin, dass es zunächst gar nichts mit der spezifischen Wertorientierung des Gewinnstrebens zu tun hat, sondern für jedes mögliche Partikulärinteresse gilt. Indem nämlich die Maximierung *einer* bestimmten Wertorientierung, beispielsweise eben der Gewinnmaximierung, zum „Prinzip" erklärt (oder besser: *ver*klärt) wird, bedeutet das ja nichts anderes, als dass ihr alle konfligierenden Wertgesichtspunkte, selbst moralische Rechte Betroffener, ungeprüft untergeordnet werden. Die ethische Reflexion über eine begründete situative Rangordnung der konfligierenden Wertorientierungen findet so *nicht* statt. Wie jede ernsthafte ethische Grundhaltung beruht aber auch die Unternehmensethik auf der Bereitschaft, das eigene Vorteilsstreben abhängig zu machen von seiner ethischen *Legitimität*, d.h. seiner moralischen Berechtigung nach Maßgabe guter Gründe, die unparteilich gegenüber jedermann vertretbar sind.[139] Daraus ergibt sich ohne weiteres ein doppelter Schluss:

- Strikte Gewinnmaximierung kann prinzipiell keine legitime unternehmerische Handlungsorientierung sein, da sie moralische Selbstbindung von vornherein verwirft.

- *Legitimes* Gewinnstreben ist stets moralisch (selbst-)begrenztes Gewinnstreben – nach Maßgabe der Verantwortbarkeit bzw. Zumutbarkeit gegenüber allen Betroffenen.

Es gibt also kein ethisch begründbares „Gewinnprinzip" – das Gewinnstreben ist ein marktwirtschaftlich nützliches Motiv, aber gewiss

II. Orte wirtschaftsethischer Verantwortung

nicht die oberste moralische Pflicht des Unternehmers. Dies ist vielleicht die zentrale Botschaft einer nicht selbst noch ideologisch verkürzten Unternehmensethik: Das unternehmerische Gewinnstreben ist mit all seinen alltäglichen Konsequenzen immer nur *Gegenstand* unternehmensethischer Reflexion, niemals selbst die ethische *Maßgabe*. Es geht stets darum, vorbehaltlos zu prüfen, was angesichts der Vielzahl real konfligierender Wertgesichtspunkte unternehmerischer Wertschöpfung aus ethischer Sicht *Vorrang vor dem Gewinnziel verdient*. Insbesondere ist es die moralische Pflicht der Unternehmensleitung wie auch von jedem anderen „guten Bürger", die legitimen Ansprüche und moralischen Rechte aller vom unternehmerischen Handeln Betroffenen (auch, aber eben nicht nur die der Kapitaleigentümer) zu wahren. So einfach ist das „im Prinzip".

5.3 Zwei Varianten halbierter Unternehmensethik – als Versuche der partiellen Rettung des „Gewinnprinzips"

Ökonomistisch an einem strikten „Gewinnprinzip" festzuhalten wird glücklicherweise doch allmählich als etwas altmodische und unpopuläre Position wahrgenommen. Zugeständnisse im Sinne der *Corporate Social Responsibility*, der gesellschaftlichen Verantwortung der Unternehmen, sind daher seit Jahrzehnten auf dem Vormarsch. Aber wie oft in der Geistesgeschichte dominieren anfangs neue Positionen, die mit einem Fuß noch im alten Denken stecken. Der Abschied vom Gewinnprinzip – oder was eben erst beginnt: von seiner historischen Spätform der *Shareholder-Value*-Doktrin – findet dabei nur vordergründig statt, während hintergründig an der ökonomistischen Formalzielfiktion bezüglich des Gewinnprinzips partiell festgehalten wird. (Ge-

5. Unternehmensethik: Wie wird ein Unternehmen zum „Good Corporate Citizen"?

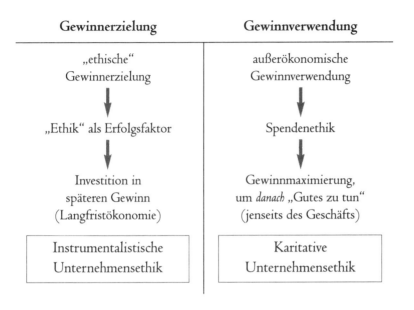

Abb. 18: Zwei Varianten halbierter Unternehmensethik

nau deshalb ist es bedeutsam, sich mit dieser Fiktion weiterhin kritisch auseinander zu setzen.)

Geht man von den zwei bilanzmäßigen Seiten einer Erfolgsrechnung aus, so lassen sich die zwei typischen Muster halbierter Unternehmensethik so charakterisieren, dass jeweils nur eine Seite als unternehmensethischer „Ort" der Moral in Betracht gezogen wird, sei es die Seite der Gewinnverwendung oder die der Gewinnerzielung (Abb. 18).

a) Wird nur die Gewinn*verwendung* als Ort der unternehmerischen Moral verstanden, so resultiert daraus das Konzept *karitativer* Unternehmensethik. Diese blendet die ethischen Aspekte der Erfolgs-

II. Orte wirtschaftsethischer Verantwortung

erzielung vollständig aus und setzt die Unternehmensethik erst als *Spendenethik* an, d.h. mit der teilweisen Verwendung oder Vergabe des Gewinns für ethisch gute Zwecke. In den Worten des namhaften deutschen Betriebswirtschaftsprofessors Dieter Schneider:

> „Nur wer Überschüsse erzielt hat, kann sie guten Zwecken zuführen."[140]

Gerade damit ein Unternehmen viel „Gutes tun" kann, erscheint es dann moralisch geboten, zunächst nach strikt betriebswirtschaftlichen Gesichtspunkten einen möglichst großen „Gewinnkuchen" zu backen! Womit eben das Formalziel der Gewinnmaximierung scheinbar gerettet und der unbequeme ethische Anspruch auf die Verteilung des bereits *erzielten* Gewinns eingeschränkt ist. Dieser erhält so auch normativen Vorrang vor den guten Taten. In den USA wird diese Position deshalb gerne als ein Standardscherz der Business Ethics variiert:

> „Corporate social responsibility is fine, if you can afford it."

Ausgeblendet wird bei solcher Spendenethik, dass weder die Methoden noch das Ziel der Gewinnmaximierung als solches ethisch neutral sind. Man stelle sich aber vor, wie absurd es wäre, wenn ein Investor zunächst bedingungs- und rücksichtslos den *Return on Equity*, d.h. die Eigenkapitalrentabilität, maximieren würde, ohne zu fragen, unter welchen humanitären, sozialen, politischen und ökologischen Bedingungen das angelegte Kapital sich vermehrt, um *danach* mit dem Ertrag solche gesellschaftlichen und ökologischen Schäden lindern zu helfen, die gerade *durch* einseitig gewinnmaximierendes Wirtschaften verursacht und „in Kauf" genommen worden sind!

5. Unternehmensethik: Wie wird ein Unternehmen zum „Good Corporate Citizen"?

b) Wird umgekehrt nur die Gewinn*erzielung* als Ort der unternehmerischen Moral betrachtet, so mündet dies in das Konzept *instrumentalistischer* Unternehmensethik: Ethik wird zum strategischen Erfolgsfaktor, zur *Investition* in die langfristige Erfolgssicherung des Unternehmens. So argumentiert beispielsweise Klaus Leisinger, Leiter der Novartis-Stiftung für Nachhaltige Entwicklung, trotz seines ernsthaften unternehmensethischen Engagements bisweilen folgendermaßen:

„Verzicht auf heute möglichen, aber ethisch zweifelhaften Gewinn wird somit zur langfristig ausgerichteten *Investition* für Marktanteile, Umsatz und Gewinn. Sie werden zum *Instrument* der Zukunftssicherung des Unternehmens."[141]

Hier steht ganz klar die betriebswirtschaftlich-strategische Funktionalität, nicht der Eigenwert ethischer Gesichtspunkte im Vordergrund. Auf Amerikanisch kommt diese Denkweise kurz und bündig als vermeintliche Selbstverständlichkeit daher, die keiner langen Begründung bedarf:

„Sound ethics is good business in the long run."

Sämtliche verfügbaren Studien zu den unternehmensethischen Denkmustern von Führungskräften zeigen, dass diesem Statement nahezu alle Befragten (mehr als 98 %!) zustimmen, in Deutschland und in der Schweiz genauso wie in Frankreich und den USA.[142] Gerade *dass* sich ein „gesundes" Maß an Rücksichtnahme auf moralische Gesichtspunkte („sound ethics") in der Regel als langfristökonomisch kluge Vorleistung („good business in the long run") erweist, wird als

II. Orte wirtschaftsethischer Verantwortung

Zeichen für die prinzipielle Harmonie zwischen Gewinnprinzip und Moralprinzip interpretiert: Unternehmensethik und Langfristökonomie scheinen zusammenzufallen.

Aber wie schon gesagt: Das ist Nirwana-Ökonomie. Soweit die unterstellte Harmonie zutrifft, mag die ökonomisch kluge Orientierung an der langfristigen, „nachhaltigen" Erfolgssicherung im Markt *zufälligerweise* den Eindruck erzeugen, sie sei *ethisch* gehaltvoll. Doch genau dort, wo sich das ethisch gebotene Verhalten betriebswirtschaftlich *nicht rechnet* und folglich unternehmensethisch (nicht betriebswirtschaftlich!) begründete Selbstbegrenzung zur Geltung gebracht werden sollte, genau an diesem entscheidenden Punkt versagt das instrumentalistische Konzept. Denn ihm gemäß ist es ja die buchstäblich entscheidende *Bedingung* und damit das Definitionsmerkmal von „sound ethics", dass sie sich rechnet! Dem ist Folgendes entgegenzuhalten: *Bedingte Ethik ist keine Ethik,* denn sie verletzt unter Umständen den kategorischen Imperativ des *unbedingten* Respekts vor dem humanen Eigenwert, der Würde und den Grundrechten anderer Menschen.[143] Genau daraus begründet sich der prinzipielle *Vorrang* der Ethik vor der betriebswirtschaftlichen Logik (Primat der Ethik): *Wer Prinzipien hat, kann nicht zugleich dem „Gewinnprinzip" frönen.*

5. Unternehmensethik: Wie wird ein Unternehmen zum „Good Corporate Citizen"?

5.4 Integrative Unternehmensethik: Das Unternehmen als „guter Bürger"

Wohlgemerkt: Gegen das wirksame unternehmerische Motiv des Gewinnstrebens und dessen kluge Nutzung durch die Wirtschaftsordnung als partielles Anreiz- und Steuerungsinstrument ist damit nichts gesagt, nur ist legitimes Gewinnstreben eben als stets moralisch begrenztes Gewinnstreben zu begreifen. Es geht auch im Unternehmen um jene ethisch integrierte Erfolgsorientierung, von der schon im Kontext der allgemeinen Wirtschaftsbürgerethik (in Kapitel 4) die Rede war. Eine in diesem Sinne *integrative Unternehmensethik* baut auf einer „gründlich" überlegten, ethisch tragfähigen „Geschäftsgrundlage" auf, ähnlich wie ein gut gebautes Haus auf einem soliden Fundament ruht.

Auch hier gilt im Weiteren: Eine im ethischen Sinne gute *Rahmenordnung des Marktes* kann und soll es der Unternehmensleitung – als „institutionelle Rückenstütze" – zwar leichter (zumutbarer) machen, auf der Basis von ethischen Grundsätzen *(Business Principles)* im Markt Erfolg zu haben, aber eine restlose Entlastung der Geschäftsleitung von ethisch begründeter Selbstbindung kann sie nicht leisten. Natürlich kann umgekehrt Unternehmensethik den Bedarf nach einer ethisch gehaltvollen Rahmenordnung des Marktes ebenso wenig gegenstandslos machen, stößt doch die unternehmensethische Selbstbindung unter den Bedingungen eines harten wirtschaftlichen Wettbewerbs an Grenzen der Zumutbarkeit. Das angemessene Verhältnis von Ordnungsethik und Unternehmensethik ist somit nicht das einer Alternative, sondern das einer wechselseitigen Verstärkung.

Zu betonen ist: „wechselseitig"! Denn auch eine gute Rahmenordnung des Marktes fällt ja nicht einfach vom Himmel, sondern

II. Orte wirtschaftsethischer Verantwortung

muss realpolitisch durchgesetzt werden gegen starke Partikulärinteressen, deren Träger die Politik nur als Fortsetzung des Geschäfts mit anderen Mitteln betrachten und Reformen, die ihren Besitzstand tangieren könnten, oft massiv bekämpfen. Die Ordnungspolitik wird bei nüchterner Betrachtung nie besser sein können, als diejenigen politischen Kräfte im Lande, die in der Regel dank ihrer Geldmacht das Sagen haben, sie wirklich haben wollen.

Unternehmensethik muss auf dem Hintergrund der republikanisch-liberalen Wirtschaftsbürgerethik daher schon *in sich zweistufig* konzipiert werden (Abb. 19):

- Auf der Stufe der (marktbezogenen) *Geschäftsethik* geht es um die unmittelbare Geschäftsintegrität der Firma in ihrem Marktverhalten, d.h. um eine ethisch integrierte Erfolgsstrategie. Eine solche umfasst zum einen eine ethisch wertvolle Wertschöpfungsidee bezüglich der Produkte oder Dienstleistungen, mit denen man sein Geld verdienen will, und zum anderen grundlegende Geschäftsprinzipien, an die man sich erklärtermaßen halten will. Für die flächendeckende Umsetzung im betrieblichen Alltag bedarf es darüber hinaus eines konsistenten Systems des Integritätsmanagements. (Darauf kommen wir in Abschnitt 5.5 gleich noch zurück.)

- Auf der Stufe der (gesellschaftsbezogenen) *republikanischen Unternehmensethik* geht es darüber hinaus um ein Stück *branchen-, ordnungs- und gesellschaftspolitische Mitverantwortung* für die Qualität und Legitimität der Rahmenbedingungen, unter denen sich die Unternehmensleitung die Aufgabe der verantwortungsvollen *und* erfolgreichen Führung überhaupt zumuten lassen will. Einerseits können die ein-

5. Unternehmensethik: Wie wird ein Unternehmen zum „Good Corporate Citizen"?

> **2. Stufe der Verantwortung:**
> **Republikanische Unternehmensethik**
> **(„Corporate Citizenship")**
>
> Kritische Hinterfragung gegebener
> Wettbewerbsbedingungen
>
> > **1. Stufe der Verantwortung:**
> > **Geschäftsethik**
> >
> > ▶ **„Geschäftsintegrität":**
> > - sinngebende Wertschöpfungsidee
> > - bindende Geschäftsgrundsätze
> > - Integritätsmanagementsystem
>
> ▶ **Branchen- und ordnungspolitische**
> **Mitverantwortung** für
> - ethisch verantwortbare Standards
> - faire Rahmenbedingungen des Wettbewerbs

Abb. 19: Das zweistufige Konzept integrativer Unternehmensethik

zelnen Unternehmen sich auf der Ebene ihrer Branchenverbände *subpolitisch*[144] nach innen für hohe ethische Standards des brancheninternen Wettbewerbs einsetzen, andererseits können sie sich gemeinsam nach außen für gemeinwohldienliche Reformen des Ordnungsrahmens engagieren.

Wir haben auf dieser republikanischen Ebene der politischen Mitverantwortung gleichsam den Lackmustest wahrhaftiger Unterneh-

II. Orte wirtschaftsethischer Verantwortung

mensethik vor uns: Unternehmer, die es mit einer ethisch integrierten Erfolgsstrategie wirklich ernst meinen und einigermaßen klug sind, erkennen ihr *wohlverstandenes Eigeninteresse* an einem ethisch kultivierten Wettbewerb in der eigenen Branche und an gemeinwohldienlichen Rahmenbedingungen der Marktwirtschaft! Denn sie wollen als *Unternehmer mit Prinzipien* doch nicht im Markt das Nachsehen haben, bloß weil die ordnungspolitischen Anreize falsch gesetzt sind, sodass Akteure, die sozial oder ökologisch weniger verantwortungsvoll handeln, mit in jedem Sinne „unverdienten" Kostenvorteilen belohnt werden. Wer dabei unternehmerisch das Nachsehen hat, weil er sich humanitäre, soziale und ökologische Verantwortung etwas kosten lässt, der wird sich dezidiert *für* (statt gegen) mehr rechtsstaatlich organisierte Verantwortlichkeit, d.h. für die ethische Richtigstellung der Spielregeln, einsetzen. Und er wird dafür (statt dagegen) sein, dass der zuständige Branchenverband die „schwarzen Schafe", die die Wettbewerbsstandards sowie den guten Ruf des Wirtschaftszweigs verderben, zurückpfeift oder nötigenfalls aus seinen Reihen ausschließt.

Präzis an dieser unteilbaren zweistufigen Unternehmensethik ist wohlverstandene, vom bürgergesellschaftlichen Leitbild des republikanischen Liberalismus her begriffene *Corporate Citizenship* festzumachen.

5. Unternehmensethik: Wie wird ein Unternehmen zum „Good Corporate Citizen"?

5.5 Organisierte Verantwortlichkeit im Unternehmen: Bausteine des betrieblichen Integritätsmanagements

Das soeben erwähnte Engagement für organisierte Verantwortlichkeit in der Marktwirtschaft macht vor der internen Organisation des einzelnen Unternehmens nicht Halt. Wie wir schon in Abschnitt 4.4 gesehen haben, geraten ja verantwortungsbewusste Wirtschaftsbürger gerade als „Organisationsbürger" in einer hierarchisch-arbeitsteiligen Organisation leicht in ein *Opportunismusproblem* zwischen ihrer funktionalen Rollenverantwortung (Erfolgsverantwortung) und ihrer unteilbaren Bürgerverantwortung. Auch hier gilt es daher die innerbetrieblichen Spielregeln unternehmensethisch richtigzustellen. Die einzelnen Organisationsbürger sollen auf allen hierarchischen Ebenen *berechtigt*, *befähigt* und *ermutigt* werden, immer dann, wenn ethische Gesichtspunkte in der Organisation oder von einzelnen Akteuren missachtet zu werden drohen, *Zivilcourage* zu üben und Einspruch zu erheben, und zwar ohne dass sie dafür mit persönlichen Nachteilen für ihre berufliche Laufbahn bestraft werden. So und nur so kann allmählich eine *gelebte Integritäts- und Verantwortungskultur* im Unternehmen wachsen.

Welche konkreten „Ethikmaßnahmen" gilt es zu diesem Zweck zu ergreifen? Ein *integratives* Ethikprogramm umfasst idealerweise die folgenden sechs systematisch notwendigen, zum Teil oben schon angesprochenen Bausteine:[145]

a) Eine geklärte und wohlbegründete unternehmerische *Wertschöpfungsaufgabe* gibt dem unternehmerischen Tun lebenspraktischen Sinn, indem sie echte menschliche oder gesellschaftliche Bedürfnisse definiert, nach deren Erfüllung das Unternehmen im Markt strebt („Mission Statement").

b) Verbindliche *Geschäftsgrundsätze* deklarieren in nachprüfbarer Form die Selbstbindung des Unternehmens an legitime Strategien und Methoden der Erfolgssicherung, und zwar unter Einschluss von Grundsätzen der republikanischen Mitverantwortung für faire Spielregeln des Wettbewerbs und darüber hinaus für allgemeine öffentliche Anliegen („Business Principles" oder „Code of Conduct").

c) Klar definierte und gewährleistete moralische *Rechte* sämtlicher Stakeholder, insbesondere der Mitarbeiter als Organisationsbürger, bekräftigen deren unantastbare Persönlichkeitsrechte und eröffnen ihnen praktikable Chancen der Beteiligung an einem möglichst offenen, macht- und sanktionsfreien unternehmensethischen Diskurs („Bill of Stakeholder Rights").

d) Eine *diskursive Infrastruktur* institutionalisiert in der Organisation Orte der sanktionsfreien und ergebnisoffenen argumentativen Klärung von Verantwortbarkeits- und Zumutbarkeitsfragen bezüglich des unternehmerischen Handelns („Foren" des unternehmensethischen Dialogs, Ethikkomitee usw.).

e) Maßnahmen der *ethischen Kompetenzbildung* fördern die Befähigung der Mitarbeiter auf allen Ebenen und ermutigen sie zur eigenständigen ethischen Reflexion und Argumentation („Ethiktraining"), eingebettet in die kontinuierliche Pflege einer gelebten – vor allem vom obersten Management konsequent vorgelebten! – *Integritäts- und Verantwortungskultur* im Unternehmen.

5. Unternehmensethik: Wie wird ein Unternehmen zum „Good Corporate Citizen"?

f) Die flächendeckende Überprüfung und nötigenfalls Ergänzung der bestehenden *Führungssysteme* im Unternehmen (Zielsetzungs-, Anreiz- und Leistungsbeurteilungsverfahren usw.) sichern deren *Konsistenz* mit den ethisch erwünschten Handlungsorientierungen und stellt die Einhaltung der definierten Grundsätze und Standards sicher („Compliance-Programm").

Der Weg zu einem solchen umfassenden Konzept des unternehmensethischen Integritätsmanagements ist als ein firmenspezifisch zu gestaltender Lernprozess zu verstehen. Erfreulicherweise machen sich in jüngster Zeit immer mehr Unternehmen auf diesen Lernweg, und es sind meistens nicht die schlechtesten.

Lohnt es sich, diesen anspruchsvollen Weg zu gehen? Die Antwort hängt letztlich davon ab, in welcher Art von Unternehmen die Beteiligten tätig sein wollen. Der skizzierte Weg ist der richtige, wenn sich eine Firma konsequent als ein guter *Corporate Citizen* verstehen und profilieren will, d.h. als ein „guter Bürger", der sich durch seine integre und wahrhaft „Werte schaffende" Geschäftstätigkeit seinen wirtschaftlichen Erfolg und sein öffentliches Ansehen am Ende in jedem Sinn *verdient* hat.

6. Weltwirtschaftsethik: Wettbewerb der Rahmenordnungen oder Rahmenordnung des globalen Wettbewerbs?

‚Globalisierung' ist zu einem Reizwort der Gegenwart geworden. Um die Globalisierung der Märkte – dies ist ja in der Regel gemeint – tobt ein Glaubenskrieg. Für die Einen ist sie das Beste, was uns passieren kann, für die Andern geradezu ein Schimpfwort. Die Tagungen der Welthandelsorganisation (WTO) in Seattle und Genua und das Weltwirtschaftsforum (WEF) in Davos sind zu Symbolen des Konflikts geworden: große Programme weltwirtschaftlicher Liberalisierung, die paradoxerweise nur mehr hinter lokalem Stacheldraht diskutiert werden können. Offenbar geht es da um viel – viel Weltanschauung, viel Macht, viele Interessen. Denn die Logik des Marktes, die da grenzensprengend entfesselt wird oder werden soll, ist ja nicht für alle „effizient", sondern ziemlich parteilich, wie wir schon im 1. Kapitel erkannt haben. Der Fortschritt, den sie verheißt (2. Kapitel), und die Freiheit, die ihre Protagonisten mit dem „freien Weltmarkt" meinen (3. Kapitel), beruhen auf tief liegenden marktmetaphysischen Hintergrundannahmen – einem Glauben also –, die einer nachholenden wirtschaftsethischen Aufklärung bedürfen.

Zunächst wollen wir den Glaubenskrieg um die Globalisierung etwas ausleuchten (6.1) und untersuchen, wie die Globalisierung machtpolitisch funktioniert (6.2). Dann benötigen wir ein tragfähiges Leitbild lebens- und gesellschaftsdienlicher *Ordnungspolitik* (6.3), von dem aus die prinzipielle Herausforderung einer vernünftigen Globalisierungspolitik in den Blick kommt (6.4). Den Schluss macht ein kurzer Ausblick auf einen epochal notwendig werdenden weltwirtschaftsbürgerlichen Bewusstseinswandel (6.5).

6.1 Globalisierung im Glaubenskrieg

Globalisierung ist ein machtvoller Prozess der umfassenden Veränderung des Verhältnisses von Wirtschaft, Gesellschaft und Politik, in dessen Zentrum die Entgrenzung von Märkten steht. Dass dieser Prozess im Gang ist, ist nicht einfach eine Tatsache, die naturwüchsig wie das Wetter über uns kommt, sondern immer schon Konsequenz einer Politik der Globalisierung. Es genügt daher nicht, nach den „objektiven" Auswirkungen der Globalisierung zu fragen, vielmehr ist sie einer ideologiekritischen Durchleuchtung und ethisch-politischen (Re-)Orientierung zugänglich und bedürftig: Da macht jemand Politik – Globalisierungspolitik. Wer betreibt die Globalisierung aus welchen Interessen, zu wessen Vorteil und zu wessen Nachteil? Und an welchen Leitideen sollte eine ethisch vernünftige Globalisierungspolitik ausgerichtet werden?

Zunächst einmal: So neu ist das Phänomen nicht, wie es der noch junge Begriff der Globalisierung suggeriert. Bereits im Jahr 1844 schrieben Karl Marx und Friedrich Engels im Kommunistischen Manifest darüber:

„Das Bedürfnis nach einem sich stets ausdehnenden Absatz für ihre Produkte jagt die Bourgeoisie über die ganze Erdkugel. Überall muss sie sich einnisten, überall anbauen, überall Verbindungen herstellen. Die Bourgeoisie hat durch ihre Exploitation des Weltmarkts die Produktion und Konsumption aller Länder kosmopolitisch gestaltet. (…) Sie zwingt alle Nationen, die Produktionsweise der Bourgeoisie sich anzueignen, wenn sie nicht zugrunde gehen wollen…"[146]

II. Orte wirtschaftsethischer Verantwortung

Mit der Antiglobalisierungsbewegung, die besser als Bewegung für eine andere Globalisierungspolitik zu verstehen ist, kündigt sich die *Rückkehr der Politik* in die weltwirtschaftliche Dynamik seit einiger Zeit manifest an. Die Schlüsselfrage, um die es dabei geht, betrifft das Verhältnis von Markt und Politik: Ist Globalisierung gut, weil sie mittels des internationalen Standortwettbewerbs endlich auch die Politik dem Effizienztest des Marktes unterwirft und sie so diszipliniert? Oder ist Globalisierung schlecht, gerade weil sie den Primat der Politik vor dem Markt in sein Gegenteil verkehrt?

Um die Globalisierung wäre kaum ein Glaubenskrieg zwischen „Globalophilen" (zuweilen auch „Davos-Menschen" genannt) und „Globalophoben" („Seattle-Menschen") entstanden, wenn es sich wirklich um eine unabänderliche Tatsache handelte, die ebenso hinzunehmen wäre wie das Wetter. Gleichwohl wird die Globalisierung meistens als eine solche Tatsache hingestellt. Der Anschein einer von niemandem kontrollierbaren Naturwüchsigkeit, also eines quasi natürlichen *Sachzwangs*, ist ja auf den ersten Blick auch ganz plausibel. Nur ist eben diese „Instanzlosigkeit"[147] des Weltmarktes gerade das Ergebnis einer gezielten Politik, die auch ganz anders sein könnte. Wer eine solche Politik begrüßt, ist offenbar der Überzeugung, dass es sich dabei um wünschbare, *„gute" Sachzwänge* handelt (vgl. Abschnitt I.4): Der Sachzwang ‚Globalisierung' steht dann zugleich für jenes *Heilsversprechen*, das wir als marktmetaphysische Gemeinwohlfiktion bezeichnet haben. Ihr gemäß sorgt die unsichtbare Hand des „freien" Weltmarktes von selbst dafür, dass alles gut wird. Auf diesem Hintergrund scheint das Gute an den Sachzwängen des Weltmarkts vor allem darin zu bestehen, dass mit dem Verweis auf sie „störende" Wirtschafts- und Gesellschaftspolitik scheinbar ganz wertfrei als „unmöglich" und zugleich als „unnötig" abgewiesen werden kann.

6. Weltwirtschaftsethik: Wettbewerb der Rahmenordnungen oder ...

Das Entscheidende, was es hier zuerst zu begreifen gilt, ist Folgendes: In der Globalisierungsdebatte stehen sich – wie in allen wirtschaftsethischen Fragen – nicht etwa auf der einen Seite eine außerethische, wertfreie ökonomische Sachlogik und auf der anderen Seite „die Ethik" gegenüber; vielmehr geht es um den Konflikt zwischen zwei *beidseits weltanschaulich geprägten normativen Positionen*. Nur versteckt sich die eine davon hinter dem Jargon der vermeintlich oder angeblich wertfreien ökonomischen „Sachlogik"! Es ist schlicht die *ideologische* Funktion der ganzen Sachzwang- und Gemeinwohlrhetorik, den im Zeichen der Globalisierung stattfindenden Schub der moralischen Enthemmung ökonomischer (Erwerbs-)Motive und der institutionellen Entfesselung einer eigensinnigen marktwirtschaftlichen Systemdynamik von ethisch-politischen Einwänden „frei" zu halten – besonders von jenen der zahlreichen Verlierer in allen Ländern. Den „nötigen" ideologischen Begleitgesang zu dieser sehr *realen* Verselbständigung von Kapitalverwertungsinteressen hat in den 90er Jahren des 20. Jahrhunderts ziemlich laut und schrill der Chor der marktradikal gewordenen Neoliberalen gesungen. Ihr Gospelsong des Globalismus hat nur einen kurzen und ziemlich simplen Text: *Gepriesen seist du, Standortwettbewerb, o freier – besiege den Primat der Politik, dies Ungeheuer. Halleluja!*

Der springende Punkt ist in der Tat die *Entmachtung der Politik*: Indem der entgrenzte Wettbewerb auf deregulierten, globalen Märkten nicht mehr nur die einzelnen Wirtschaftsakteure, sondern auch die Staaten zur Rücksichtnahme auf die Bedingungen effizienter Kapitalverwertung *zwingt*, vollbringt er sein segensreiches Werk – als „heilsamer" Wettbewerb der Standorte. Dieser ist immer zugleich ein *Wettbewerb der nationalen Rahmenordnungen* des Marktes. Das ganze Pathos der Globalisierungseuphoriker beruht schlicht darauf, dass sie die so zu-

II. Orte wirtschaftsethischer Verantwortung

stande kommende Umkehrung des Primats der Politik *vor* der Logik des Marktes in die „Disziplinierung" der Politik *durch* die Sachzwanglogik des Marktes nicht als Problem, sondern als die Lösung fast aller Probleme sehen und begrüßen. So viel zur Heilslehre des globalen Marktes; aber wie funktioniert das alles real?

6.2 Wie „funktioniert" die Globalisierung? Der strafende Finanzmarktgott

Wie ist es zur entscheidenden Umkehr im Verhältnis zwischen Politik und Markt gekommen? Nicht ganz zufällig ist es bisher vor allem *ein* Markt, der dem theoretischen Idealmodell der Globalophilen ziemlich nahe gekommen ist, seit die kommunikationstechnologische Infrastruktur praktisch überall auf der Welt *real-time* die Verfolgung des Geschehens auf allen Börsenplätzen der Welt erlaubt: der globale *Finanz- und Kapitalmarkt*.[148] Der Grund ist, neben der genannten technologischen Voraussetzung, einfach: Das Kapital (hinter dem natürlich verwertungsinteressierte Personen und Institutionen stehen) ist der mobilste Produktionsfaktor, und das heißt: Das Kapital reagiert am „sensibelsten" – gleichsam wie ein scheues Reh – auf sich international verändernde Standortbedingungen jeder Art, soweit sie das Risiko- und Ertragskalkül der Anleger beeinflussen. „Gute" Standortbedingungen sind aus seiner Sicht selbstverständlich solche, die eine „freie", d.h. reibungsfreie, kostengünstige und ertragreiche Kapitalverwertung ermöglichen. Verschlechtern sich diese Bedingungen (z.B. durch steigende Lohn- oder Lohnnebenkosten, Infrastrukturkosten, Zinskosten und Steuern) in einem Land, so kommt es zur mehr oder weniger massiven „Kapitalflucht"; verbessern sie sich hin-

6. Weltwirtschaftsethik: Wettbewerb der Rahmenordnungen oder ...

gegen deutlich, so fließt internationales Kapital in Milliardenhöhe zu den attraktiven Standorten. Die Volatilität solcher Kapitalbewegungen übt einen unerhört *disziplinierenden* Effekt auf alle Betroffenen aus; sie schlägt auf die Güter produzierende und Dienstleistungen erbringende Realökonomie ebenso durch wie auf die nationalen Instanzen der Wirtschafts- und Währungspolitik:

- Die *Unternehmen* werden vor allem von den großen institutionellen Anlegern (Portefeuilles von Pensionskassen und Versicherungen, Investmentfonds von Banken usw.) diszipliniert: Die Aktien von Firmen, die eine im internationalen Vergleich zu tiefe *Performance*, also einen geringen *Return on Equity* (ROE, d.h. Eigenkapitalrentabilität), erzielen, werden bald einmal aus den Portefeuilles der Großanleger eliminiert. Dann geraten die Börsenkurse der betroffenen Firmen unter Druck, was nicht nur die berufliche Position der verantwortlichen Manager gefährdet, sondern die Gefahr eines *Unfriendly Takeover*, einer „feindlichen" Übernahme der Firma, heraufbeschwört und damit ihre Existenz in Frage stellt. Die Hochhaltung des *Shareholder Value* um fast jeden Preis ist daher angesagt.[149] Es ist wichtig zu sehen, dass die Führungskräfte der Wirtschaft mindestens so sehr Opfer wie Täter des ganzen Prozesses sind.

- Die *staatlichen Instanzen* der Wirtschafts- und Währungspolitik werden vor allem durch die Möglichkeit einer unter Umständen massiven Spekulation des internationalen Devisenhandels gegen die Landeswährung diszipliniert. Sie sehen sich, vielleicht mit Ausnahme der USA (gegen den US-Dollar kann man praktisch nicht spekulieren), zur Stabilisierung der Währung aus Gründen der

II. Orte wirtschaftsethischer Verantwortung

Inflationsbekämpfung ebenso wie eines günstigen Zinsniveaus als eines bedeutsamen „Standortfaktors" gezwungen. Von der „guten" Wirtschaftspolitik aus der Perspektive des anlagesuchenden Kapitals hängt die Attraktivität des Landes für industrielle Investitionen und damit für die Schaffung neuer Arbeitsplätze ab. Geraten die diesbezüglichen Zukunftserwartungen nur ein wenig in Zweifel oder verbessern andere Länder ihre komparativen Standortbedingungen spürbar, so „bestrafen" die globalen Finanzmärkte – gleichsam wie ein virtueller, allerdings nicht ganz unparteilicher Weltgerichtshof[150] – das (angeblich) zurückfallende Land fast über Nacht. Man denke nur an die so genannte Asienkrise 1998, die ja im Grunde weniger eine Krise der asiatischen Volkswirtschaften als eine der hypernervös gewordenen Finanzmärkte war.

Wie fatalistisch diese neue Dominanz der globalen Finanzmärkte über ganze Volkswirtschaften von den Globalophilen hingenommen wird und wie sehr dahinter die alte (pseudo-)religiöse Metaphysik des Marktes steckt, hat anlässlich der Asienkrise der namhafte amerikanische Ökonom Paul Krugman wunderbar ironisiert, als er sagte:

„Der globale Kapitalmarkt bestraft uns – er wird schon wissen warum."[151]

Der *belohnende und strafende Finanzmarktgott* entzieht – und darin besteht das entscheidende Problem – einer autonomen Wirtschaftsordnungspolitik der einzelnen Staaten weitgehend den Boden. Dabei wirkt die Globalisierung gleich doppelt, sowohl von außen als auch von innen, auf das tendenzielle Ende der staatlichen Wirtschaftspolitik hin. Die innenpolitische Seite dieses Drucks wird oft nicht genügend beachtet,

6. Weltwirtschaftsethik: Wettbewerb der Rahmenordnungen oder ...

weshalb sie hier kurz verdeutlicht sei: Die exportorientierten Wirtschaftszweige leiten nämlich den ungeheuren Druck des internationalen Wettbewerbs, in dem sie stehen, mit ihren oft einflussreichen Verbänden landesintern ihrerseits an die Politik weiter. Speziell die großen, weltweit tätigen Unternehmen, die so genannten *Global Players*, werden buchstäblich zu „heimatlosen Gesellen", zu transnationalen Firmen, deren betriebswirtschaftliche Interessen kaum mehr an volkswirtschaftliche Interessen der Bürger ihres Herkunftslandes gebunden sind.

Der innenpolitische Effekt der Transnationalisierung von Firmen ist fatal: Solange Großproduzenten einen erheblichen Teil ihres Umsatzes im Heimmarkt tätigten, waren sie in ihrem Heimland nicht nur an niedrigen (Lohn-)Kosten interessiert, sondern auch an einer kaufkräftigen Binnennachfrage und damit am Wohlstand breiter Bevölkerungskreise. Überdies fühlten sich ihre Führungskräfte in der Regel als Staatsbürger dem Land solidarisch verbunden. Das alles motivierte sie zu einer gewissen Rücksicht auf volkswirtschaftliche Kreislaufzusammenhänge. Genau dies trug vonseiten der Arbeitgeber den „sozialdemokratischen Konsens"[152] der goldenen Nachkriegszeit. Heute ist dagegen für global orientierte Firmen der heimische Absatzmarkt meistens von prozentual viel geringerer Bedeutung als der im Stammland nach wie vor anfallende Kostenanteil für das *Headquarter*, weshalb das Interesse an niedrigen Löhnen und Steuern sowie sonstigen kostengünstigen Rahmenbedingungen im eigenen Land nunmehr dasjenige an der binnenwirtschaftlichen Nachfrage klar überwiegt. (So erzielt beispielsweise die Firma Nestlé als weltgrößte Lebensmittelherstellerin etwa 99 % ihres Umsatzes außerhalb des Stammlandes Schweiz, in dem sie aber nach wie vor bedeutende zentrale Funktionen angesiedelt hat.[153])

II. Orte wirtschaftsethischer Verantwortung

Die transnationalen Konzerne verweigern sich infolgedessen zunehmend der aus ihrer Perspektive altmodisch anmutenden nationalen Solidarität.[154] Der altbekannte Slogan eines früheren Präsidenten von General Motors: „Was gut ist für GM, ist gut für die USA" hat ausgedient. Was gut ist für GM (oder Nestlé, Siemens, UBS...), braucht überhaupt nicht mehr gut für Amerika (bzw. die Schweiz oder Deutschland) zu sein. Stattdessen üben die *Global Players* jetzt, mit der roten Karte der *möglichen* Standortverlagerung ins kostengünstigere Ausland winkend, auf die nationale oder regionale Wirtschafts- und Steuerpolitik ihres Stammlandes einen starken Druck in Richtung „besserer" Standortbedingungen aus, wobei sozial- und umweltpolitische oder andere Anliegen der Allgemeinheit in der Regel das Nachsehen haben. Was zuvor schon die meisten Entwicklungsländer erfahren mussten, droht nun auch den volkswirtschaftlich führenden Ländern: die innere soziale *Des*integration als Preis für die globale wirtschaftliche Integration.[155]

Dies ist übrigens nicht einfach eine „linke" Sicht der Globalisierung; vielmehr sehen das bisweilen auch Führungskräfte der Wirtschaft so. Als Zeuge sei Percy N. Barnevik, der langjährige Verwaltungsratspräsident von Asea Brown Boveri (ABB), zitiert:

„Ich würde Globalisierung als die Freiheit für meine Gruppe von Unternehmen definieren, zu investieren, wo und wann sie will, zu kaufen und zu verkaufen, wo sie will, und die möglichst geringsten Restriktionen zu unterstützen, die aus Arbeitsgesetzen und sozialen Übereinkünften resultieren."[156]

Wenn das so ist, warum wird dann aber die Globalisierung mitsamt dem aus ihr resultierenden *Wettbewerb der Rahmenordnungen* und dem entsprechenden Bedeutungsverlust nationaler wirtschafts- und sozialpolitischer Instanzen nicht nur von den unmittelbar interessierten Finanzkreisen und den *Global Players*, sondern auch von auffallend vielen Wirtschaftstheoretikern und Politikern so euphorisch begrüßt? Zugespitzt gefragt: Wie soll man es verstehen, dass sogar Politiker – welch merkwürdige Berufsauffassung! – bisweilen den Primat der Politik vor der Logik des „freien" Weltmarkts zurückweisen? Die Erklärung ist in ihrem Vorverständnis von einer gut funktionierenden Marktwirtschaft und der entsprechenden Konzeption guter Ordnungspolitik zu finden.

6.3 Drei ordnungspolitische Konzepte „guter" Marktwirtschaft

Wie also kann man den Verlust des Primats der Politik vor der Logik des Marktes vorbehaltlos begrüßen? Wir wissen es schon: Darin verbirgt sich letztlich die *altliberale Metaphysik des Marktes;* diese hält den freien Markt für eine „natürliche" Wirtschaftsordnung und setzt insgeheim darauf, dass hinter dem Kräftespiel des anonymen Wettbewerbs die „unsichtbare Hand" Gottes in segensreicher Weise waltet.[157] Diese metaphysische Hintergrundüberzeugung kommt etwa in der bei den pauschalen Globalisierungsoptimisten auffallend beliebten Hayek'schen Lobpreisung des „Wettbewerbs als Entdeckungsverfahren"[158] zum Ausdruck. Im globalen „Wettbewerb der nationalen Problemlösungen" lässt sich nämlich aus dieser Sicht erkennen, „wie der Weg zur Lösung unserer (wessen? P. U.) Probleme aussieht"[159], offenbar ganz unabhängig von der Art dieser Probleme. Der Weltmarkt fungiert gleichsam als der neue allwissende Hegel'sche Weltgeist. Dieser *Offenbarungstheorie des Marktes* korrespondiert ein ebenso

II. Orte wirtschaftsethischer Verantwortung

tief verwurzeltes Misstrauen in die praktische Vernunft des Menschen, ganz besonders hinsichtlich seiner Fähigkeit zur politischen Gestaltung der gesellschaftlichen Verhältnisse – ein Anspruch, der von Friedrich August von Hayek als verwerflicher „Konstruktivismus"[160] (mit seiner schlimmsten Ausprägung in den Ideen des Sozialismus) gebrandmarkt und als „Anmaßung von Wissen"[161] wahrgenommen worden ist. Gemeint ist letztlich nichts anderes als die ketzerische Anmaßung, die Welt mit den beschränkten menschlichen Mitteln besser einrichten zu können als Gott selbst.

Doch der nobelpreisgekrönte Marktmetaphysiker F. A. von Hayek (1899–1992) ist längst tot, und ernst zu nehmende Vertreter dieses Steinzeitliberalismus sind kaum mehr auszumachen. Heute ist (vorerst noch) der *Neoliberalismus* tonangebend. Wie hält es diese ordnungspolitische Lehre mit der globalen Frage? Zu beachten ist zunächst, dass die neoliberale Position – entgegen einem landläufigen Missverständnis – im Unterschied zum Altliberalismus sehr wohl den Primat und den Gestaltungsauftrag der Politik befürwortet (Abb. 20). Beide Positionen in einen Topf zu werfen ist ein (leider häufiger) Fehler, der es den Neoliberalen allzu leicht macht, den Kritikern krasse Missverständnisse oder die unredliche Verzerrung der neoliberalen Konzeption vorzuwerfen.[162]

Während die Altliberalen wie erwähnt noch dem Glauben an die „prästabilierte Harmonie" (Leibniz) in der Schöpfungsordnung anhingen[163], begreifen es die Neoliberalen als ordnungs*politische* Aufgabe des Staates, die konfligierenden Interessen der Wirtschaftsakteure in gemeinwohldienlicher Weise zu harmonisieren. Marktwirtschaft wird daher von den Neoliberalen ausdrücklich als eine „staatliche Veranstaltung"[164] begriffen: Offene Märkte und wirksamer Wettbewerb sowie die eigentums-, vertrags- und haftungsrechtlichen Vorausset-

6. Weltwirtschaftsethik: Wettbewerb der Rahmenordnungen oder ...

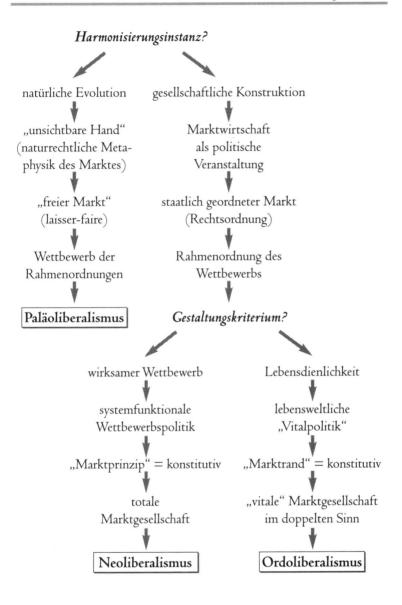

Abb. 20: *Systematische Trennlinien zwischen Paläo-, Neo- und Ordoliberalismus*

II. Orte wirtschaftsethischer Verantwortung

zungen dieser „Veranstaltung" bedürfen immer schon der rechtsstaatlichen Etablierung. Marktwirtschaft hat sich niemals von selbst entwickelt; sie ist nichts „Natürliches", sondern immer schon *politisch* gegen oft hartnäckige Widerstände durchgesetzt worden, an ihrem Anfang im England des 18./19. Jahrhunderts genauso wie heute im Prozess der Globalisierung – die WTO lässt grüßen. Der Staat und heute zunehmend auch suprastaatliche Institutionen erbringen unabdingbare *konstitutive und komplementäre Funktionen* für jede Marktwirtschaft. Das gilt selbst für eine weitgehend deregulierte Marktwirtschaft, die in erster Linie auf die Kräfte des „freien" Marktes vertraut. Der Primat der Politik präjudiziert politisch fast nichts – außer das Ziel der politischen Durchsetzung offener Märkte und eines wirksamen Wettbewerbs.

Diejenigen Neoliberalen, die den globalen Standortwettbewerb und mit ihm den Wettbewerb der nationalen Rahmenordnungen nahezu uneingeschränkt befürworten[165], scheinen nicht immer klar zu sehen, dass sie damit – entgegen ihrem ordnungspolitischen Grundkonzept – auf der supranationalen Ebene in ein paläoliberales Marktwirtschaftsverständnis zurückfallen, also letztlich in die alte, in der großen Depression der Weltwirtschaftskrise von 1929 schon einmal zusammengebrochene Freihandelsdoktrin. Was sie dazu verführt, ist vor allem die normative Überhöhung der „reinen" ökonomischen Rationalität zum höchsten aller Werte, ihr *Effizienzglaube* also, mit dem wir uns schon im I. Kapitel eingehend befasst haben (C. C. von Weizsäcker: „Der Ökonom *glaubt* daran, dass Effizienz erwünscht ist"). Globalisierung, verstanden als „Emanzipation" entgrenzter und deregulierter Märkte aus der unter dem Pauschalverdacht der „Ineffizienz" stehenden politischen Kontrolle, erscheint als Generalrezept zur größtmöglichen Steigerung des *Weltgemeinwohls* – und das gilt allen

6. Weltwirtschaftsethik: Wettbewerb der Rahmenordnungen oder ...

Marktmetaphysikern unbesehen hinsichtlich seiner Verteilung als gut und vernünftig.

Jetzt wird der entscheidende Punkt klar: Der effizienzvernarrte Neoliberalismus vertritt den Primat der Politik nur genau so weit, wie es um die staatliche Bereitstellung der *Funktionsvoraussetzungen* des marktwirtschaftlichen Systems im Sinne einer effizienten Kapitalverwertung geht. Dazu gehören neben den angedeuteten grundlegenden rechtsstaatlichen Voraussetzungen (Schutz des Privateigentums sowie der Handels- und Gewerbefreiheit, Vertragsrecht, Haftungsrecht) insbesondere die *Wettbewerbspolitik* (Offenhaltung der Märkte und Sicherung eines wirksamen Wettbewerbs) sowie die Geld- und Stabilitätspolitik (Gewährleistung einer wertbeständigen Währung, stabiler Preise und stetigen Wirtschaftswachstums). Man hat schließlich aus der Erfahrung gelernt, dass unkontrollierte Märkte zur Selbstvermachtung und damit zur Wettbewerbsbeschränkung tendieren – und dies ist „ineffizient". *Normatives Kriterium für „zulässige" Wirtschaftspolitik* ist aus neoliberaler Sicht aber immer nur, dass der Marktmechanismus voll zur Wirkung gebracht wird – oder eben in einem Wort: die *Effizienz* des Marktes. Der neoliberale Schlachtruf „Mehr Markt!" verträgt sich daher durchaus mit dem funktionalistisch eingeschränkten Primat der Politik. Hingegen werden gestaltende politische Eingriffe nach ethischen Gesichtspunkten in aller Regel abgelehnt, soweit sie als „effizienzmindernd" eingestuft werden.

Ganz anders verstanden wird der Primat der Politik dagegen von der *ordoliberalen* Position, die sich ursprünglich bis in die 1950er Jahre selbst als „neoliberal" bezeichnet hat, dann aber eine neue Selbstbezeichnung wählte, als der Begriff des Neoliberalismus zunehmend von den Marktradikalen okkupiert wurde.[166] Der Ordoliberalismus anerkennt den Primat der Politik vor der Logik des Marktes in einem doppelten Sinne: Zum einen – und vorrangig – hat die Ordnungspolitik die Bedingungen der *Legitimität*, also der ethisch-politischen Rechtfertigungsfähigkeit der marktwirtschaftlichen Ordnung zu begründen. Zum anderen – jedoch erst nachrangig – hat sie das effiziente *Funktionieren* des ökonomischen Systems zu gewährleisten. Die Vordenker des so verstandenen Ordoliberalismus, namentlich Wilhelm Röpke und Alexander Rüstow, weniger eindeutig Walter Eucken, vertreten daher ausdrücklich den Primat der *politischen Ethik* vor der ökonomischen Logik des Marktes. Zwar plädieren auch sie für eine dezidierte Wettbewerbspolitik, aber anders als die heutigen „Neoliberalen", von denen sie inzwischen ein tiefer wirtschaftsphilosophischer Graben trennt, übersteigern sie die Markteffizienz nicht zum obersten ordnungspolitischen *Gestaltungskriterium*. Vielmehr betonen sie mit Röpke:

> „Die Marktwirtschaft ist nicht alles. Sie muss in eine höhere Gesamtordnung eingebettet werden, die nicht auf Angebot und Nachfrage, freien Preisen und Wettbewerb beruhen kann."[167]

Mit andern Worten: Die marktwirtschaftliche Ordnung wird von den Ordoliberalen gewiss dezidiert befürwortet, nicht aber ökonomistisch zum Inbegriff einer freiheitlichen Gesellschaftsordnung überhöht:

> „Wer auch jetzt noch den Liberalismus als eine primär wirtschaftliche Anschauung begreifen will, ist selbst in einer ‚ökonomistischen' Einengung befangen, die heute vollkommen überholt erscheint. (...) Der *politisch-kulturelle* Liberalismus (...) ist das Primäre und der wirtschaftliche Liberalismus (...) etwas Sekundäres."[168]

6. Weltwirtschaftsethik: Wettbewerb der Rahmenordnungen oder ...

---

1. „Vitalpolitik" (A. Rüstow)

- Einbettung des marktwirtschaftlichen Systems „in eine höhere Gesamtordnung, die nicht auf Angebot und Nachfrage, freien Preisen und Wettbewerb beruhen kann" (W. Röpke)
- Ausrichtung und Begrenzung der „blinden" Marktkräfte nach ethischen Gesichtspunkten der Lebensdienlichkeit durch
  – subjektive Rechte (Wirtschaftsbürgerrechte)
  – Rechnungsnormen (Internalisierung externer Effekte)
  – Randnormen („Grenzwerte" i. w. S.)

2. Wettbewerbspolitik

- Durchsetzung offener Märkte und wirksamen Wettbewerbs *im Rahmen* der vitalpolitischen Vorgaben
- effizienter Einsatz des marktwirtschaftlichen Wettbewerbs *im Hinblick* auf „vitale" Zwecke des guten Lebens und gerechten Zusammenlebens

---

Abb. 21: Zwei Ebenen ordoliberaler Ordnungspolitik

Für die ordoliberale Position ist deshalb ein zweistufiges Konzept von Ordnungspolitik konstitutiv (Abb. 21): Die Wettbewerbspolitik ist zwar unverzichtbar, aber sie ist nachrangig gegenüber der an „höheren" Kriterien orientierten *„Vitalpolitik"*, die nach Rüstow „alle Faktoren in Betracht zieht, von denen in Wirklichkeit Glück, Wohlbefinden und Zufriedenheit des Menschen abhängen"[169].

II. Orte wirtschaftsethischer Verantwortung

Mit dem ordoliberalen *Primat der Vitalpolitik vor der Wettbewerbspolitik* ist die neoliberale Ideologie, der gemäß „mehr Markt" im Prinzip immer gut sei, ethisch-politisch durchbrochen: Wo die Effizienz des Marktes mit „vitalen" Gesichtspunkten des guten Lebens und gerechten Zusammenlebens in Konflikt gerät, sind die Marktkräfte mittels einer ihnen „widergelagerten Gesellschaftspolitik"[170] in Schranken zu weisen. Deshalb betonen die Ordoliberalen,

> „... dass der *Marktrand*, der Marktrahmen, das eigentliche Gebiet des Menschlichen ist, hundertmal wichtiger als der Markt selbst. Der Markt hat lediglich eine dienende Funktion. (...) Der Markt ist ein Mittel zum Zweck, ist kein Selbstzweck, während der Rand eine Menge Dinge umfasst, die Selbstzweck sind, die menschliche Eigenwerte sind."[171]

In diesen Sätzen von Rüstow erkennt man leicht Karl Polanyis normativen Grundgedanken der *embedded economy*, der eingebetteten Marktwirtschaft, wieder.[172] Die grundlegende ordoliberale Leitidee ist die einer *lebensdienlichen Marktwirtschaft*, die die Marktkräfte mittels ethisch-politischer Vorgaben auf „vitale" Gesichtspunkte *ausrichtet* und wo nötig *begrenzt*. Drei elementare vitalpolitische Ansatzpunkte (drei „R") lassen sich hierfür unterscheiden: subjektive *Rechte* aller Wirtschaftsbürger, ins einzelwirtschaftliche Kalkül eingehende *Rechnungsnormen* und den Wettbewerb oder Markt begrenzende *Randnormen*:[173]

- *Subjektive Rechte*[174] legitimieren die Wirtschaftsbürger (d. h. alle Personen, die – ob In- oder Ausländer – Mitglied der Volkswirtschaft, also in einem Land einerseits aufenthalts- und arbeitsberechtigt sind und andererseits tatsächlich da wohnen und Steuern zahlen[175]) zur angemessenen Teilnahme am volkswirtschaftlichen Prozess und Teilhabe an dessen Ergebnis, also an der gesellschaftlichen Wohlfahrt. Es geht hier um nichts anderes als um Wirtschaftsbürgerrechte. Darauf sind wir im 3. Kapitel schon eingegangen; erinnert sei deshalb nur kurz an Ralf Dahrendorfs zentrales Postulat: „Die Rechte der Bürger sind jene unbedingten Anrechte, die die Kräfte des Marktes zugleich überschreiten und in ihre Schranken verweisen."

- *Rechnungsnormen* dienen der Gestaltung der An- und Abreizstrukturen des Marktes nach vitalpolitischen Gesichtspunkten am zentralen Punkt der einzelwirtschaftlichen Kosten-Nutzen-Kalküle. Hier geht es darum, gemäß dem Verursacherprinzip sämtliche „externen Kosten", die aus dem privaten Wirtschaften entstehen, aber bei Dritten statt bei den Akteuren anfallen, in die Kalküle der Wirtschaftssubjekte zu internalisieren. Das ist in arbeits- und sozialpolitischer Hinsicht prinzipiell genauso machbar wie in umweltpolitischer Absicht. Die Abgrenzung zwischen privatwirtschaftlich einzubeziehenden und außer Betracht gelassenen volkswirtschaftlichen, sozialen oder ökologischen Kosten ist nämlich stets normativ bestimmt. Preise am Markt haben deshalb generell nichts „Natürliches" an sich, sondern sind immer schon ordnungspolitisch durch entsprechende Rechnungslegungsvorschriften konstituiert.

- *Randnormen* setzen dem Markt buchstäblich „Grenzwerte" nach humanitären, sozialen und ökologischen Gesichtspunkten und schützen so jene Lebenssphären vor der Ökonomisierung, in denen Markt und Wettbewerb *nicht* herrschen sollen. Es geht hier beispielsweise um Marktgrenzen zeitlicher Art (Arbeits- und Ladenöffnungszeiten), ökologischer Art (Emissions- bzw. Immissionsgrenzwerte), arbeits- und sozialpolitischer Art (Minimallöhne und gewährleistetes Existenzminimum). Dazu gehören auch Zulassungsnormen, welche die Berechtigung zur Teilnahme von Leistungsanbietern an einem spezifischen Markt (z. B. von Ärzten, Anwälten, Treuhändern, Lehrkräften und andern Professionen) von der Erfüllung überprüfbarer Qualitätsvoraussetzungen abhängig machen – zum Schutz der Kunden und der Allgemeinheit. Im Fall von Gütern und Dienstleistungen, für deren angemessene Verteilung der Markt generell als ungeeignet erachtet wird (z. B. öffentliche Infrastruktur, Gesundheits-, Bildungs- und Kulturgüter), kann dieser ganz oder teilweise durch ein anderes, in der Regel administratives Versorgungsprinzip ersetzt werden.

Es ist wichtig zu begreifen, dass solche vitalpolitische Lenkungs- und Begrenzungsansätze nicht einfach als marktwirtschaftsfeindlich diskreditiert werden können. Im Gegenteil werden die wahren Freunde einer zivilisierten Marktwirtschaft sie dort befürworten, wo vorrangige ethisch-politische Gesichtspunkte dies nahe legen. Wer dagegen blindwütig dem Markt über alles huldigt, gehört auf die Länge wohl eher zu den Totengräbern einer lebensdienlichen Wirtschaft. Denn deren vitalpolitische Gestaltung lässt sich nicht auf das Rezept ‚offene Märkte und wirksamer Wettbewerb' reduzieren. Eine in jedem Sinn vitale Marktwirtschaft folgt vielmehr einer doppelten Leitidee: *Im fairen Wettbewerb soll kein anderer Zwang als der des besseren Angebots zählen (wettbewerbspolitischer Aspekt) – aber es muss ja nicht überall im Leben Wettbewerb herrschen (vitalpolitischer Aspekt).*

6.4 Der vitalpolitische Grundsatz einer vernünftigen Globalisierungspolitik

Das zweistufige Konzept wirtschaftsethisch gehaltvoller Ordnungspolitik als (vorrangiger) Vital- und (nachrangiger) Wettbewerbspolitik gilt es auch einer vernünftigen Globalisierungspolitik zugrunde zu legen. Die Alternative zur Vergötterung der Globalisierung – zur Metaphysik des Weltmarktes als des neuen Weltgeistes – ist nicht ihre Verteufelung, sondern ihre vitalpolitische Zivilisierung mittels einer supranationalen Rahmenordnung.

Nun lautet ja aber das generelle Sachzwangargument gerade, dass uns der globale Standortwettbewerb „keine Wahl lässt". Der Einwand ist durchaus ernst zu nehmen: Sozial- oder Umweltstandards, die allein in *einem* Land durchgesetzt werden, können für dieses bald einmal volkswirtschaftlich kontraproduktive Effekte haben. Wenn nämlich den privaten Investoren aus vitalpolitischen Rahmenbedingungen erhebliche Kostennachteile entstehen, so wählen sie zu deren Vermeidung möglicherweise die Option der „Abwanderung" an einen für sie kostengünstigeren Standort.[176] Geraten hier die schönen vitalpolitischen Leitideen etwa in die „Globalisierungsfalle"[177]?

An diesem Punkt kommt es jetzt darauf an, dass wir geistig über den *Sachzwängen* stehen und sie als *normative* Herausforderungen durchschauen, die einer politischen Bearbeitung bedürfen, anstatt sie unkritisch zu ökonomistischen *Denkzwängen* einer wettbewerbskonditionierten Mentalität zu überhöhen.[178] Doch genau dazu tendiert der neoliberal imprägnierte Zeitgeist, und zwar – wie Habermas einmal formuliert hat – mit der „aufgesetzten Fröhlichkeit einer neoliberalen Politik, die sich selbst ‚abwickelt'":

II. Orte wirtschaftsethischer Verantwortung

„Die lähmende Aussicht, dass sich die nationale Politik in Zukunft auf das mehr oder weniger intelligente Management einer erzwungenen Anpassung an Imperative der ‚Standortsicherung' reduziert, entzieht den politischen Auseinandersetzungen den letzten Rest an Substanz."[179]

Aus Einsicht in den unaufgebbaren Primat ethisch orientierter Politik vor der Logik der Märkte gilt es dieser „lähmenden Aussicht" einen *neuen Mut zur Politik* entgegenzusetzen: Nie zuvor war die Durchsetzung einer zeitgemäßen Vitalpolitik wichtiger als heute – nämlich als *Sachzwangbegrenzungspolitik im Interesse real lebbarer Bürgerfreiheit*. Freilich kann diese Aufgabe mit fortschreitender Globalisierung nur noch teilweise auf der nationalen Ebene wahrgenommen werden; sie verschiebt sich notwendigerweise zunehmend auf die Ebene einer noch zu entwickelnden supranationalen Vitalpolitik. Der elementare vitalpolitische Leitsatz einer wirtschaftsethisch aufgeklärten Globalisierungspolitik kann nur lauten: *Wer A sagt, muss auch B sagen* – oder konkret: Wer den globalen Markt will, der sollte vernünftigerweise auch eine vitalpolitisch orientierte *Global Governance* mit weltweiten Menschenrechts-, Demokratie-, Sozial- und Umweltstandards befürworten. Gemeint ist damit eine Weltordnung, die auf einem ausbalancierten Netzwerk sich wechselseitig in Schach haltender Regulierungsinstanzen und Regelsysteme beruht und so – als globale *Governance without Government*[180] – ohne Weltregierung und Weltstaat[181] auskommt.

Dem zweistufigen Konzept unverkürzter Ordnungspolitik entsprechend, brauchen globalisierte Märkte *supranationale Instanzen für globale Vitalpolitik ebenso wie für globale Wettbewerbspolitik*. Schon was Letztere betrifft, liegt international noch manches im Argen; insbesondere

6. Weltwirtschaftsethik: Wettbewerb der Rahmenordnungen oder ...

kann von einem fairen Zugang aller Drittweltländer zu den für sie existenziell wichtigen Agrar- und Textilmärkten wohl kaum die Rede sein, solange manche OECD-Länder ihre eigene Landwirtschaft, Textilindustrie usw. protektionistisch vor der internationalen Konkurrenz schützen und ihnen zugleich auf dem Weltmarkt mittels teils massiver Exportsubventionen unlautere Wettbewerbsvorteile verschaffen. Immerhin bietet sich für die sich allmählich entwickelnde supranationale Wettbewerbspolitik bereits ein starker Träger an, nämlich die WTO (World Trade Organization, Welthandelsorganisation). Weit weniger klar ist dagegen, wie eine supranationale Vitalpolitik etabliert werden kann. Zwei prinzipielle Lösungen sind denkbar:

- Die erste Möglichkeit besteht darin, auch diese Aufgabe der WTO zu übertragen. Realpolitischer Vorteil dieser Lösung wäre, dass die WTO eine durchsetzungsmächtige Institution ist. Als gewichtiger Nachteil muss wohl gelten, dass in der WTO zumindest bis anhin das wettbewerbspolitische Denken vorherrscht. Wie verschiedene konkrete Streitfälle der letzten Jahre in der WTO belegen, ist es bis auf weiteres eher unwahrscheinlich, dass ihre Instanzen fähig und gewillt sind, den vitalpolitischen Gesichtspunkten regelmäßig den ihnen gebührenden Vorrang vor den wettbewerbspolitischen Gesichtspunkten einzuräumen. So hat etwa die bekannte Kontroverse zwischen USA und EU bezüglich des (vor allem von Frankreich abgelehnten) Imports von hormonbehandeltem Rindfleisch exemplarisch gezeigt, dass die WTO die systematische Unterscheidung zwischen vital- und wettbewerbspolitischen Wettbewerbsbeschränkungen bisher nicht (aner-)kennt und deshalb dazu tendiert, Importrestriktionen auch dann generell als wettbewerbsbehindernden Protektionismus zurückzuweisen, wenn sie vitalpolitisch aus (abweichenden) Leitbildern des guten Lebens und Zusammenlebens begründet sind.

- Die zweite und wohl realistischere Möglichkeit beruht auf dem Konzept von *balancierter Gegenmacht*. Dieses zielt darauf, das sachgegebene Spannungsverhältnis zwischen supranationaler Vital- und Wettbewerbspolitik als solches in transparenter Weise zu institutionalisieren. Der WTO würden also eine oder mehrere wenn nicht vor-, so doch wenigstens „widergelagerte" (Röpke) UNO-Institutionen gegenübergestellt, die arbeitsteilig oder in einer Hand die humanitären, sozialen, kulturellen und ökologischen Gesichtspunkte vertreten. Hauptvorteile dieser Lösung sind die Fachkompetenz, mit der diese neuen supranationalen Institutionen arbeiten könnten, sowie die Möglichkeit, dass die sich allmählich herausbildende Weltöffentlichkeit die Ausbalancierung der supranationalen Ordnungspolitik zwischen den „widergelagerten" Trägern kritisch verfolgen und beeinflussen könnte. Der Nachteil dieses Wegs besteht in der erheblichen Gefahr, dass die vitalpolitischen Instanzen realpolitisch von der WTO regelmäßig an die Wand gespielt werden könnten, wie es bisher etwa bezüglich der Internationalen Arbeitsorganisation (ILO) in Genf der Fall ist, die ja zu *einem* der Träger der supranationalen Vitalpolitik ausgebaut werden könnte.

Ob der eine oder andere Weg erfolgversprechender ist, wird sich realpolitisch zeigen müssen. So oder so wird die angedeutete epochale Aufgabe – diesbezüglich sollten wir uns keinen Illusionen hingeben – einen lange dauernden wirtschaftskulturellen Lernprozess und wohl auch einen zähen politischen Kampf vor allem in den „führenden" Industriestaaten sowie in der WTO, dem Internationalen Währungsfonds (IWF) und der Weltbank bedingen.

6.5 Der Wirtschaftsbürger als Weltbürger – kurzer Ausblick auf einen langen Weg in die Zukunft

Ob das epochale Projekt einer vitalpolitischen Einbettung der globalen Märkte zukunftsträchtig ist oder nicht, ist letztlich eine Frage des *politischen Willens*. Und hier schließt sich der Kreis von der Weltwirtschaftsethik zur Wirtschaftsbürgerethik. Denn die weltwirtschaftlich führenden OECD-Länder sind ja zum guten Glück durchweg demokratisch verfasste Gesellschaften. In ihnen haben es die Staats- und Wirtschaftsbürger prinzipiell in der Hand, ihren Regierungen Beine zu machen, d.h. ihnen den Auftrag zur aktiven Übernahme ordnungspolitischer Mitverantwortung auf der supranationalen Ebene zu erteilen. Warum aber tun sie's (noch) nicht? Es ist letztlich wohl eine doppelte Frage des *welt- und wirtschaftsbürgerlichen Bewusstseins:*

- Um eine Frage des *weltbürgerlichen* Bewusstseins geht es insofern, als das Leitbild einer „anständigen", wenigstens einigermaßen wohlgeordneten Gesellschaft freier und gleicher Bürger zumindest in seinen Grundzügen von der nationalen auf die supranationale Ebene übertragen werden muss.[182] Zielhorizont ist in der „postnationalen Konstellation" (Habermas) eine Weltgemeinschaft sich wechselseitig in ihren Menschen- und Bürgerrechten achtender und anerkennender „Weltbürger". Damit wird nichts anderes aktuell als die schon von Kant entworfene Vision einer weltbürgerlichen Grundordnung des Zusammenlebens der Völker.[183] Kulturelle Voraussetzung – und als solche knappste Ressource – ist die Ausweitung des unentbehrlichen republikanisch-ethischen *Bürgersinns* über die jeweilige nationale Gesellschaft hinaus auf die ideelle Gemeinschaft aller Menschen. Benötigt werden mit andern Worten solidarische Weltbürger, die gemeinsam als *kritische Weltöffentlichkeit* wirken, d.h. als moralische Instanz einer weltumspannenden Zivilisation. Dazu gehört nötigenfalls auch eine weltweit aufmerksame „Politik der Beschämung" von Staaten, Firmen oder anderen Akteuren, die grundlegende ethische Standards missachten.

- Um eine Frage des *wirtschaftsbürgerlichen* Bewusstseins handelt es sich insoweit, als die geschichtliche Errungenschaft einer sozialstaatlich organisierten Solidarität der wirtschaftlich Starken mit den Schwächeren und der Gewinner mit den Verlierern des Wettbewerbs durch die Globalisierung der Märkte gefährdet ist, wenn sie nicht ihrerseits von der nationalen auf die globale Ebene erweitert wird. Das setzt voraus, dass das Verständnis und die Sensibilität der Bürger für die *sozioökonomischen Voraussetzungen real lebbarer Freiheit* in den nächsten Jahren oder Jahrzehnten einen Quantensprung nach oben machen. Erst daraus kann mit der Zeit vielleicht der mehrheitsfähige politische Wille zu einem energischen weltweiten Kampf gegen Hunger und Elend, Armut und soziale Ausgrenzung der Schwächeren erwachsen. Den diesbezüglichen Zielhorizont bildet die Ermächtigung (Befähigung und Berechtigung) möglichst aller Menschen auf der Welt zur Führung eines selbstbestimmten Lebens unter fairen, nicht demütigenden sozioökonomischen Existenzbedingungen, wie wir in Abschnitt 3.4 gesehen

6. Weltwirtschaftsethik: Wettbewerb der Rahmenordnungen oder ...

haben. Es geht um nicht mehr und nicht weniger als die nationale und supranationale Durchsetzung starker Wirtschaftsbürgerrechte für alle Menschen, getragen von einem grenzüberschreitenden Wirtschaftsbürgerethos.

Die Entwicklung des wirtschaftsbürgerlichen Ethos ist heute vielleicht sogar der entscheidende Faktor, der auch dem umfassenderen Weltbürgerethos auf die Sprünge helfen kann.[184] Ohne republikanisch-ethischen Wirtschaftsbürgersinn kommen wir der Vision einer vitalpolitisch kultivierten und gezähmten Weltwirtschaft wohl nicht näher. Es kommt dabei entscheidend darauf an, *beiden* wirtschaftsbürgerlichen Leitideen, den rechtsstaatlich bzw. völkerrechtlich zu etablierenden Wirtschaftsbürgerrechten *und* dem Wirtschaftsbürgerethos, in einem Prozess der kulturellen und ethisch-politischen „Globalisierung" wachsende Anerkennung zu verschaffen.

Vielleicht aber ist der Sprung von der nationalen direkt auf die globale Ebene zu groß. Vielleicht ist es realistischer, zunächst einmal *vitalpolitische Lernschritte auf weltregionaler Ebene* anzupeilen, nämlich in den bereits bestehenden regionalen Wirtschaftsblöcken (EU, ASEAN, NAFTA, MERCOSUR etc.).[185] Es ist vorstellbar, dass die vitalpolitisch „führenden" internationalen Gemeinschaften wie die OECD oder die Europäische Union ein Stück weit vorangehen, indem sie zunächst einmal *intern* das Niveau der vitalpolitischen Rahmenbedingungen des Wettbewerbs zwischen ihren Volkswirtschaften anheben und erst in einem zweiten Schritt über Verhandlungen ihre Standards allmählich weltweit *nach oben* angleichen.[186]

Wie auch immer: Es ist unzweifelhaft ein geradezu epochaler „Bewusstseinsschub der Menschheit"[187] erforderlich, wenn es gelingen soll, die entfesselte globale Wirtschaftsdynamik in eine sinnvolle

II. Orte wirtschaftsethischer Verantwortung

und legitime supranationale Ordnung sich wechselseitig achtender und anerkennender Welt-(Wirtschafts-)Bürger einzubinden. Doch es ist eine alternativenlose Herausforderung, sofern wir das Projekt der kulturellen und gesellschaftlichen Moderne, die Emanzipation der Menschen aus Abhängigkeiten und Zwängen aller Art, auch aus ideologischen Denkzwängen, nicht preisgeben wollen. Das wird noch reichliche wirtschaftsethische Aufklärungsarbeit an der bis anhin herrschenden Metaphysik des Weltmarktes erfordern. Gegen den ökonomistischen Zeitgeist ein ethisch orientiertes Verständnis von nationaler und supranationaler Ordnungspolitik zu vertreten, braucht vorerst noch ziemlichen Mut. Aber es geht um eine attraktive, ja vielleicht um die einzige hoffnungsvolle menschheitsgeschichtliche Zukunftsvision – die Vision einer vitalpolitisch eingebundenen Globalisierung, die allen Menschen auf diesem Planeten die Voraussetzungen für ein gutes, menschenwürdiges Leben in realer Freiheit und vernünftigem, d.h. international und intergenerationell verallgemeinerungsfähigem Wohlstand gewährt.

ANMERKUNGEN

1 Ludwig Erhard, Wohlstand für alle, Düsseldorf 1957. Erhard vertrat jedoch notabene keinen puren Wirtschaftsliberalismus, sondern das ordoliberale Konzept der Sozialen Marktwirtschaft. Auf die verschiedenen ordnungspolitischen Konzepte wird in Abschn. 6.3 des Buchs näher eingegangen.

2 Max Weber, Die Protestantische Ethik und der Geist des Kapitalismus, in: ders., Gesammelte Aufsätze zur Religionssoziologie I, 9. Aufl., Tübingen 1988, S. 17–206, hier S. 94 (Erstveröff. 1904/05).

3 Die berühmte Formel der *invisible hand* geht auf Adam Smith, den Begründer der klassischen Politischen Ökonomie, zurück. Mehr zu seiner vielfach verkürzt wahrgenommenen Lehre und ihren religiösen Hintergründen folgt in Abschn. 2.2.

4 Immanuel Kant, Was heißt: sich im Denken orientieren? (1786), in: Werkausgabe Bd. V, hrsg. v. W. Weischedel, 4. Aufl., Frankfurt a.M. 1982, S. 265–283.

5 Peter Ulrich, Integrative Wirtschaftsethik. Grundlagen einer lebensdienlichen Ökonomie, 3. rev. Aufl., Bern/Stuttgart/Wien 2001 (1. Aufl. 1997).

6 Den Begriff der Wirtschaftsbürgerkunde – als Beitrag zur „Bildung des allgemeinen Wirtschafts- und Gesellschaftsverständnisses" – verwendet seit langem auch Rolf Dubs, Volkswirtschaftslehre. Eine Wirtschafts-

bürgerkunde für höhere Schulen, Erwachsenenbildung und zum Selbststudium, 7. Aufl., Bern/Stuttgart/Wien 1998, S. 21. Zur aktuellen pädagogischen Debatte über Konzepte wirtschaftsbürgerlicher Bildung vgl. die Internet-Zeitschrift sowi-onlinejournal.de/2001–2, u.a. mit dem Beitrag von Peter Ulrich, Wirtschaftsbürgerkunde als Orientierung im politisch-ökonomischen Denken.

7   Immanuel Kant, Grundlegung zur Metaphysik der Sitten (1785/86), in: Werkausgabe Bd. VII, hrsg. v. W. Weischedel, 4. Aufl., Frankfurt a. M. 1978, S. 9–102, hier S. 99.

8   Kant, Grundlegung zur Metaphysik der Sitten, S. 96.

9   Karl Marx/Friedrich Engels, Die deutsche Ideologie (1846), Marx-Engels-Werke Bd. 3, 4. Aufl., Berlin 1969, S. 9–530, hier S. 21.

10 Friedrich Engels, Anteil der Arbeit an der Menschwerdung des Affen (1876), 22. Aufl., Berlin 1988.

11 Vgl. Jürgen Habermas, Arbeit und Interaktion. Bemerkungen zu Hegels Jenenser ‚Philosophie des Geistes', in: ders., Technik und Wissenschaft als ‚Ideologie', Frankfurt a. M. 1968, S. 9–47. Vgl. dazu auch Peter Ulrich, Transformation der ökonomischen Vernunft. Fortschrittsperspektiven der modernen Industriegesellschaft, 3. rev. Aufl., Bern/Stuttgart/Wien 1993, S. 55 ff.

12 C. Christian von Weizsäcker, Logik der Globalisierung, Göttingen 1999, S. 5. – Auf die geistes- und dogmengeschichtlichen Hintergründe dieses merkwürdigen *Glaubens* kommen wir in Kap. 3 noch zurück.

13 Max Horkheimer, Zur Kritik der instrumentellen Vernunft, Frankfurt a. M. 1967, S. 14 (engl. Eclipse of Reason, New York 1947).

14 Der Verkehrsinfarkt. Ein Dossier, in: Die Weltwoche, Nr. 15, 12. April 2001, S. 25.

15 Vgl. zu diesem Begriff Stephan Schmidheiny, Kurswechsel. Globale unternehmerische Perspektiven für Entwicklung und Umwelt, München 1992, S. 37 ff.

16 Was in einer Gesellschaft als das materielle Existenzminimum gelten soll, ist keine naturgegebene, objektiv ermittelbare Größe, sondern eine sich stets verändernde kulturelle Norm. Denn es geht um die Voraussetzungen dafür, ein nicht entwürdigendes Leben als eine sich selbst achtende und sozial integrierte Person führen zu können, die auch von den Anderen als vollwertiges Gesellschaftsmitglied geachtet wird.

17 Der Begriff der Lebensdienlichkeit geht zurück auf zwei bedeutende evangelisch-theologische Sozialethiker: Emil Brunner, Das Gebot und die Ordnungen. Entwurf einer protestantisch-theologischen Ethik, Zürich 1932, 4. Aufl. 1978, S. 387; Arthur Rich, Wirtschaftsethik, Bd. II: Marktwirtschaft, Planwirtschaft, Weltwirtschaft aus sozialethischer Sicht, Gütersloh 1990, S. 23.

18 Vgl. zu dieser zweidimensionalen Fassung des Begriffs der Lebensdienlichkeit Ulrich, Integrative Wirtschaftsethik, S. 203 ff.

19 Vgl. Karl Popper, Die offene Gesellschaft und ihre Feinde, 2 Bde., München 1956.

20 Zur berühmten aufklärerischen Idee vom „öffentlichen Vernunftgebrauch" mündiger Bürger vgl. Immanuel Kant, ‚Beantwortung der Frage: Was ist Aufklärung?' (1784) sowie ‚Zum ewigen Frieden. Ein philosophischer Entwurf' (1795), beides in: Werkausgabe Bd. XI, hrsg. v. W. Weischedel, 6. Aufl., Frankfurt a.M. 1982, S. 53–61 bzw. 193–251.

Anmerkungen

[21] Jürgen Habermas, Vorbereitende Bemerkungen zu einer Theorie der kommunikativen Kompetenz, in: J. Habermas/N. Luhmann, Theorie der Gesellschaft oder Sozialtechnologie. Was leistet die Systemforschung?, Frankfurt a.M. 1971, S. 101–141, hier S. 137.

[22] Der Begriff des Neoliberalismus wird hier in der heute journalistisch vorherrschenden Weise zur Kennzeichnung eines oft fast schon fundamentalistisch anmutenden, undifferenzierten Marktliberalismus verwendet, im vollen Bewusstsein, dass er dogmengeschichtlich für eine anspruchsvollere Position steht. Wir gehen dem in Kap. 3 und vor allem in Abschn. 6.3 nach.

[23] Die Dialektik Hegels beruht auf dem Gedanken, dass sich jede These (Behauptung) in einer Antithese (Gegenargument) negieren, dann aber in einer Negation der Antithese eine Synthese bilden lässt, welche die ursprüngliche These auf höherem Niveau in sich bewahrt. Der Widerspruch zwischen These und Antithese wird also in der Synthese in dreifachem Sinne aufgehoben: (1) auf eine höhere Reflexionsebene gehoben und (2) dort beseitigt, wobei aber zugleich (3) der ursprüngliche Gedanke darin bewahrt (d.h. integriert) wird.

[24] Vgl. Gerhard Weisser, Die Überwindung des Ökonomismus in der Wirtschaftswissenschaft, in: ders., Beiträge zur Gesellschaftspolitik, Göttingen 1978, S. 573–601 (Erstveröff. 1954).

[25] Joseph Schumpeter, Kapitalismus, Sozialismus und Demokratie, 4. Aufl., München 1975, S. 129 (New York 1942, 1. dt. Aufl. 1950).

[26] Zum neoklassischen Konzept der ökonomischen Theorie vgl. Ulrich, Integrative Wirtschaftsethik, S. 176 ff. (Anm. P.U.).

[27] Siegfried Katterle, Alternativen zur neoliberalen Wende. Wirtschaftspolitik in der sozialstaatlichen Demokratie, Bochum 1989, S. 21 f.

28 Auf die Shareholder-Value-Doktrin wird im Kontext der Unternehmensethik, speziell in Abschn. 5.2, näher eingegangen.

29 Vgl. oben, Anmerkung 23.

30 Vgl. Ulrich, Integrative Wirtschaftsethik, S. 120ff.; zur diskursethischen Grundlegung ebd., S. 78ff.

31 Kant, Beantwortung der Frage: Was ist Aufklärung?, S. 53.

32 Wilhelm Röpke, Maß und Mitte, Erlenbach-Zürich 1950, S. 17f. (Hvh. i. Orig.).

33 Vgl. Jürgen Habermas, Die Moderne – ein unvollendetes Projekt, in: ders., Kleine politische Schriften I–IV, Frankfurt a.M. 1981, S. 444–464.

34 Jürgen Habermas, Konzeptionen der Moderne, in: ders., Die postnationale Konstellation, Frankfurt a.M. 1998, S. 195–231, hier S. 198.

35 Max Weber, Die Protestantische Ethik und der Geist des Kapitalismus, S. 94.

36 Die Unterscheidung von Lebenswelt und gesellschaftlichen (Sub-)Systemen ist gesellschaftstheoretisch entfaltet worden von Jürgen Habermas, Theorie des kommunikativen Handelns, 2 Bde., Frankfurt a.M. 1981. Für eine Übersicht sowie zu den nachfolgend nur kurz angedeuteten Entwicklungen in einzelnen Gesellschaftsbereichen vgl. Ulrich, Transformation der ökonomischen Vernunft, S. 68ff.

37 Max Weber, Wirtschaft und Gesellschaft, 5. Aufl., Tübingen 1972, S. 129 und 562.

38 Vgl. Immanuel Kant, Über den Gemeinspruch: Das mag in der Theorie richtig sein, taugt aber nicht für die Praxis, in: Werkausgabe Bd. XI,

hrsg. v. W. Weischedel, 6. Aufl., Frankfurt a. M. 1982, S. 125–172, hier S. 151.

[39] Karl Polanyi, The Great Transformation. Politische und ökonomische Ursprünge von Gesellschaften und Wirtschaftssystemen, Frankfurt a. M. 1978 (New York 1944).

[40] Vgl. oben, Abschn. I.3, spez. Anm. 20.

[41] Vgl. Roland Kley, Gleichheit, in: Lexikon der Wirtschaftsethik, hrsg. v. G. Enderle u. a., Freiburg i. Br./Basel/Wien 1993, Sp. 386–393.

[42] Frédéric Bastiat, Harmonies économiques, Œuvres complètes, Bd. VI, 3. Aufl., Paris 1855, S. 19 (Übers. P. U.). Vgl. dazu auch Martin Büscher, Gott und Markt – religionsgeschichtliche Wurzeln Adam Smiths und die ‚Invisible Hand' in der säkularisierten Industriegesellschaft, in: Arnold Meyer-Faje/Peter Ulrich (Hrsg.), Der andere Adam Smith, Bern/Stuttgart 1991, S. 123–144.

[43] Bastiat, Harmonies économiques, S. 16f. (Hvh. P. U.).

[44] Ebd., S. 18 (Hvh. P. U.).

[45] Alle nachfolgenden Zitate aus Weber, Die protestantische Ethik, S. 23, 26, 33, 35 f., 175 f. bzw. 178.

[46] Alexander Rüstow, Das Versagen des Wirtschaftsliberalismus, 3. überarb. Aufl., hrsg. v. Frank P. und Gerhard Maier-Rigaud, Marburg 2001, S. 93 f. (1. Aufl. 1945).

[47] Adam Smith hat die berühmte Metapher von der „invisible hand" in seinen beiden Hauptwerken, der *Theory of Moral Sentiments* (1759) und dem *Wealth of Nations* (1776), je nur einmal und eher beiläufig verwendet (Theorie der ethischen Gefühle, hrsg. v. W. Eckstein, Hamburg 1985,

S. 317; Der Wohlstand der Nationen, hrsg. v. H. C. Recktenwald, München 1978, S. 371). Die unsichtbare Hand markiert bei ihm weniger das zentrale Erklärungs- oder Begründungsmodell als vielmehr die metaphysisch überdeckte *Grenze* seiner markttheoretischen Bemühungen – auffallenderweise beide Mal im Zusammenhang mit Problemen einer gerechten und gemeinwohlverträglichen Verteilung der Marktergebnisse, die zu lösen offenbar einer höheren Macht überlassen bleiben. Der „freie" Markt ist und leistet bei Smith nicht alles! Vgl. dazu Peter Ulrich, Der kritische Adam Smith – im Spannungsfeld zwischen sittlichem Gefühl und ethischer Vernunft, in: Arnold Meyer-Faje/Peter Ulrich (Hrsg.), Der andere Adam Smith. Beiträge zur Neubestimmung von Ökonomie als Politischer Ökonomie, Bern/Stuttgart 1991, S. 145–190.

48 Smith, Theorie der ethischen Gefühle, S. 400.

49 Wohlgemerkt: Ein solcher vulgärliberaler Marktfundamentalismus kann sich keineswegs auf Adam Smith berufen, hebt dieser doch ganz im Gegenteil die vorrangige Bedeutung der Gerechtigkeit hervor: „Gerechtigkeit ist der Hauptpfeiler, der das ganze Gebäude stützt. Wenn dieser Pfeiler entfernt wird, dann muss der gewaltige, ungeheure Bau der menschlichen Gesellschaft ... in einem Augenblick zusammenbrechen" (Theorie der ethischen Gefühle, S. 129).

50 Rüstow, Das Versagen des Wirtschaftsliberalismus, S. 92.

51 Polanyi, The Great Transformation, S. 88 f.

52 Vgl. John Gray, Die falsche Verheißung. Der globale Kapitalismus und seine Folgen, Berlin 1999 (London 1998). Die nachfolgenden Zitate finden sich auf S. 111, 113 f., 114 und 7 (in dieser Reihenfolge).

53 David de Pury/Heinz Hauser/Beat Schmid (Hrsg.), Mut zum Aufbruch. Eine wirtschaftspolitische Agenda für die Schweiz, Zürich 1995, S. 10. Das unten folgende Zitate aus dieser „Agenda" findet sich auf S. 77.

54 In: J. M. Keynes, The Collected Writings, Bd. IX: Essays in Persuasion, London 1972, S. 321–332.

55 Vgl. André Gorz, Kritik der ökonomischen Vernunft. Sinnfragen am Ende der Arbeitsgesellschaft, Berlin 1989, S. 136, wo er von einer „Gesellschaft der befreiten Zeit" spricht. Vgl. dazu und zum Folgenden auch Ulrich, Integrative Wirtschaftsethik, S. 214 ff.

56 Jürgen Habermas, Technik und Wissenschaft als ‚Ideologie', Frankfurt a. M. 1968, S. 102.

57 Vgl. die fünf grundlegenden Lebensmittel im weiteren Sinn in Abschn. I.1.

58 Habermas, ebd., S. 103.

59 Vgl. Bernward Joerges, Berufsarbeit, Konsumarbeit, Freizeit. Zur Sozial- und Umweltverträglichkeit einiger struktureller Veränderungen in Produktion und Konsum, in: Soziale Welt 32 (1981), S. 168–195.

60 Vgl. Gerhard Scherhorn, Güterwohlstand vs. Zeitwohlstand, in: Bernd Biervert/Martin Held (Hrsg.), Zeit in der Ökonomik, Frankfurt a. M. 1995, S. 147–168.

61 Vgl. den Roman von Sten Nadolny, Die Entdeckung der Langsamkeit, München 1987.

62 Vgl. Karlheinz A. Geißler, Zeit – verweile doch ... Lebensformen gegen die Hast, 2. Aufl., Freiburg i. Br. 2000.

63 Vgl. Axel Braig/Ulrich Renz, Die Kunst, weniger zu arbeiten, 3. Aufl., München 2001.

64 Weber, Protestantische Ethik, S. 37 bzw. S. 56 für das nachfolgende Zitat.

65 Ulrich Thielemann, Globale Konkurrenz, Sozialstandards und der (Sach-)Zwang zum Unternehmertum, in: Thomas Maak/York Lunau (Hrsg.), Weltwirtschaftsethik. Globalisierung auf dem Prüfstand der Lebensdienlichkeit, 2. Aufl., Bern/Stuttgart/Wien 2000, S. 203–244, hier S. 237. Auf diesen „erziehenden" Effekt weist schon Weber, Protestantische Ethik, S. 37, hin.

66 „David de Pury und wie er auf die Welt sieht", Interview im Zürcher Tages-Anzeiger, 2. Februar 1996, S. 7.

67 Weber, Protestantische Ethik, S. 203. Ebd., S. 203f., auch die nachfolgend zitierten Ausdrücke.

68 Max Weber, Die Wirtschaft der Weltreligionen, in: ders., Gesammelte Aufsätze zur Religionssoziologie I, 9. Aufl., Tübingen 1988, S. 237–573, hier S. 564. Vom „Gehäuse jener Hörigkeit der Zukunft, (…) in welche vielleicht dereinst die Menschen (…) sich ohnmächtig zu fügen gezwungen sein werden", spricht Weber allerdings vornehmlich mit Bezug auf die Bürokratisierungstendenz; vgl. ders., Wirtschaft und Gesellschaft, 5. Aufl., Tübingen 1972, S. 835.

69 Vgl. Thomas H. Marshall, Bürgerrechte und soziale Klassen, Frankfurt/New York 1992 (London 1950), S. 40ff.; er spricht von *civil, political* und *social rights*.

70 Vgl. John Rawls, Die Idee des politischen Liberalismus, Frankfurt a.M. 1992, S. 119ff.; ders., Politischer Liberalismus, Frankfurt a.M. 1993, S. 97ff., 119ff.

71 Vgl. Rawls, Politischer Liberalismus, S. 312 ff.

72 Vgl. Ulrich Steinvorth, Gleiche Freiheit. Politische Philosophie und Verteilungsgerechtigkeit, Berlin 1999, S. 40.

73 Thomas Hobbes, Leviathan (1651), hrsg. von Iring Fetscher, Frankfurt a. M. 1984, S. 32.

74 Vgl. Jürgen Habermas, Faktizität und Geltung. Beiträge zur Diskurstheorie des Rechts und des demokratischen Rechtsstaats, Frankfurt a. M. 1992, S. 119.

75 Vgl. oben, Abschn. I.4 (b) und 2.2.

76 Vgl. Michael Sandel, Liberalism and the Limits of Justice, Cambridge 1982, S. 54 ff.; ders., Die verfahrensrechtliche Republik und das ungebundene Selbst, in: Axel Honneth (Hrsg.), Kommunitarismus. Eine Debatte über die moralischen Grundlagen moderner Gesellschaften, Frankfurt/New York 1993, S. 18–35 (spez. S. 24 f.).

77 Crawford B. Macpherson, Die politische Theorie des Besitzindividualismus. Von Hobbes bis Locke, 2. Aufl., Frankfurt a. M. 1980 (Oxford 1962), S. 15 und 70.

78 Im sog. „methodologischen Individualismus", dem axiomatischen Fundament der heutigen *Mainstream Economics*, verbirgt sich noch immer dieser frühmoderne *normative* Individualismus. Die sog. „reine" Ökonomik, die hintergründig daher eine *normative* Ökonomik ist, modelliert ihn heute bloß idealtheoretisch ins „Reine": Sie *ist* letztlich nichts anderes als die idealtheoretische Entfaltung des normativen Besitzindividualismus und seiner ganz spezifischen Gesellschaftsidee. Zum Nachweis dieser These vgl. Ulrich, Integrative Wirtschaftsethik, S. 111 ff. und 187 ff.

Anmerkungen

79 Kant, Grundlegung zur Metaphysik der Sitten, S. 68 (BA 77).

80 Vgl. dazu Ulrich, Integrative Wirtschaftsethik, S. 23 ff.

81 Für Kenner der Rawls'schen Gerechtigkeitskonzeption: Die beiden zentralen Punkte einer kategorialen Verwischung bei Rawls scheinen mir zum einen die partielle Verkürzung von Gerechtigkeit auf die Logik des Vorteilstausches auf der Stufe des Differenzprinzips und zum andern die mangelhafte Auseinanderhaltung von Grund*gütern* und Grund*rechten* zu sein. Beide Mängel haben ihren systematischen Grund darin, dass Rawls vom ökonomischen Liberalismus das ökonomische Rationalitätskonzept sowie das vertragstheoretische Gesellschaftskonzept übernimmt. Vgl. dazu Ulrich, Integrative Wirtschaftsethik, S. 253 ff.

82 Für eine präzisere Bestimmung und Abgrenzung der hier nur angedeuteten Konzeptionen vgl. Ulrich, Integrative Wirtschaftsethik, S. 293 ff. Zu einem freiheitlich-demokratisch rejustierten Republikanismus vgl. auch Thomas Maak, Die Wirtschaft der Bürgergesellschaft, Bern/Stuttgart/Wien 1999, S. 160 ff. Auf das recht enge, aber in entscheidenden Punkten doch gegensätzliche Verhältnis zwischen Republikanismus und Kommunitarismus wird hier nicht eingegangen; die genannten Schriften geben dazu nähere Auskunft. – Dem individualethischen Moment der Wirtschaftsbürgerethik ist das nachfolgende Kap. 4 gewidmet.

83 Ralf Dahrendorf, Über den Bürgerstatus, in: B. Van den Brink/W. Van Reijen (Hrsg.), Bürgergesellschaft, Recht und Demokratie, Frankfurt a. M. 1995, S. 29–43, hier S. 33.

84 Ralf Dahrendorf, Moralität, Institutionen und die Bürgergesellschaft, in: Merkur, Nr. 7 (1992), S. 557–568, hier S. 567 f.

85 Avishai Margalit, Politik der Würde. Über Achtung und Verachtung, Berlin 1997.

Anmerkungen

86 Rawls, Politischer Liberalismus, S. 437.

87 Vgl. Siegfried Blasche, Gerechtigkeit, Mindestsicherung und Eigenverantwortung, in: ders./Dietmar Döring (Hrsg.), Sozialpolitik und Gerechtigkeit, Frankfurt/New York 1998, S. 117–171, hier S. 137.

88 Vgl. Amartya Sen, Ökonomie für den Menschen. Wege zu Gerechtigkeit und Solidarität in der Marktwirtschaft, München/Wien 2000, S. 110. Der treffendere Titel der Originalausgabe lautet: *Development as Freedom* (New York 1999).

89 Vgl. Muhammad Yunus, Grameen – eine Bank für die Armen der Welt, Bergisch Gladbach 1998.

90 Vgl. dazu Peter Ulrich, Grundrechte und Grundfähigkeiten. Gedanken zu einem Leitbild sozioökonomischer Entwicklung aus der Perspektive der integrativen Wirtschaftsethik, in: Hans-Balz Peter (Hrsg.), Globalisierung, Ethik und Entwicklung, Bern/Stuttgart/Wien 1999, S. 55–76, hier S. 64.

91 Vgl. Smith, Wohlstand der Nationen, S. 383f.

92 Sen, Ökonomie für den Menschen, S. 13.

93 Vgl. Horst Afheldt, Weltweiter Wohlstand für alle? Für niemand? Oder für wenige?, in: P. Ulrich/Th. Maak (Hrsg.), Die Wirtschaft *in* der Gesellschaft. Perspektiven an der Schwelle zum 3. Jahrtausend, Bern/Stuttgart/Wien 2000, S. 35–85, hier S. 67.

94 So z.B. die Autoren des schon in Abschn. 2.3 erwähnten Weißbuchs ‚Mut zum Aufbruch', S. 39 und 46.

95 Vgl. Joseph Huber, Zwischen Supermarkt und Sozialstaat. Die neue Abhängigkeit des Bürgers, in: Ivan Illich u.a., Entmündigung durch Experten, Hamburg 1979, S. 129–155, spez. S. 145ff.

⁹⁶ Vgl. dazu Alexandra Wagner/Claudia Weinkopf, Zweiter Arbeitsmarkt, in: Die Neue Gesellschaft/Frankfurter Hefte 41 (1994), S. 606–611.

⁹⁷ Vgl. zu dieser Position André Gorz, Kritik der ökonomischen Vernunft. Sinnfragen am Ende der Arbeitsgesellschaft, Berlin 1989, S. 287 ff. Neuerdings neigt aber auch Gorz dem Postulat eines – von ihm als ergänzend verstandenen – Rechts auf ein bedingungslos gewährleistetes allgemeines Grundeinkommen zu; vgl. A. Gorz, Arbeit zwischen Misere und Utopie, Frankfurt a. M. 2000, S. 115 ff.

⁹⁸ Michael Walzer, Sphären der Gerechtigkeit. Ein Plädoyer für Pluralität und Gerechtigkeit, Frankfurt/New York 1992, S. 12. Vgl. zu dieser latenten „Tyrannei" des Arbeitsmarktes Peter Ulrich, Arbeitspolitik für alle – eine Einführung aus wirtschaftsethischer Sicht, in: Peter Ulrich/Thomas Maak/Beat Dietschy (Hrsg.), Arbeitspolitik für alle. Eine Debatte zur Zukunft der Arbeit, Bern u. a. 2000, S. 9–25.

⁹⁹ Vgl. als die bisher politisch-philosophisch wohl am konsequentesten durchdachte – politisch liberale! – Konzeption eines unbedingten Grundeinkommens für alle Philippe van Parijs, Real Freedom for All. What (if anything) can justify capitalism?, Oxford 1995.

¹⁰⁰ Vgl. dazu Georg Vobruba, Ende der Vollbeschäftigungsgesellschaft, in: Zeitschrift für Sozialreform 44 (1998), S. 77–99, hier S. 88.

¹⁰¹ In methodisch zugespitzter Weise vertritt der Münchner Wirtschaftsethiker Karl Homann sogar die (viel diskutierte) These, die Rahmenordnung sei *der* „systematische Ort der Moral in einer Marktwirtschaft" und in diesem Rahmen seien die Wirtschaftssubjekte normalerweise von Forderungen unmittelbarer moralischer Selbstbindung „entlastet"; vgl. Karl Homann/Franz Blome-Drees, Wirtschafts- und Unternehmensethik, Göttingen 1992, S. 35. Für eine eingehende Kritik vgl. Peter Ulrich, Integrative Wirtschaftsethik als kritische Institutionenethik.

Wider die normative Überhöhung der Sachzwänge des Wirtschaftssystems, in: Jean-Paul Harpes/Wolfgang Kuhlmann (Hrsg.), Zur Relevanz der Diskursethik. Anwendungsprobleme der Diskursethik in Wirtschaft und Politik, Münster 1997, S. 220–270. Vgl. auch Ulrich, Integrative Wirtschaftsethik, S. 405 ff.

[102] Der amerikanische Philosoph Michael Walzer vertritt die weiter gehende Auffassung, dass Gastarbeiter, die in einem Land während längerer Zeit arbeiten, leben und Steuern zahlen, dort auch politische „Gastrechte" (Wahl- und Stimmrechte) erhalten und „auf den Weg zur Staatsbürgerschaft" gebracht werden sollten, damit keine aus der Gemeinschaft der freien Bürger ausgeschlossene „Kaste eingesessener Fremdlinge" entsteht: „In Wirtschaft und Recht voll einbezogen, sollten sie die Möglichkeit haben, sich als potenzielle oder zukünftige Mitbeteiligte auch am politischen Geschehen zu begreifen", denn „politische Gerechtigkeit lässt dauerhaftes Ausländertum nicht zu". Vgl. Walzer, Sphären der Gerechtigkeit, S. 98 ff.

[103] Zum republikanischen Ethos vgl. schon oben, Abschn. 3.3.

[104] Walzer, Sphären der Gerechtigkeit, S. 390, in Übereinstimmung mit dem Oxford English Dictionary. Zur Bedeutung der Selbstachtung vgl. auch oben, Abschn. 3.4.

[105] Vgl. Smith, Theorie der ethischen Gefühle, S. 167. Vgl. dazu im Einzelnen Ulrich, Integrative Wirtschaftsethik, S. 63 ff.

[106] Vgl. oben, Abschn. 1.2 und 3.4.

[107] Vgl. Ernst Tugendhat, Vorlesungen über Ethik, Frankfurt a. M. 1993, S. 284, Bezug nehmend auf Smiths Sympathiekonzept.

[108] Vgl. oben, Abschn. 2.4 und 2.5.

[109] Vgl. Jürgen Habermas, Ist der Herzschlag der Revolution zum Stillstand gekommen? Volkssouveränität als Verfahren. Ein normativer Begriff der Öffentlichkeit?, in: Forum für Philosophie Bad Homburg (Hrsg.), Die Ideen von 1789 in der deutschen Rezeption, Frankfurt a. M. 1989, S. 7–36, hier S. 32.

[110] Vgl. Hartmut Kliemt, The Veil of Insignificance, in: European Journal of Political Economy 2/3 (1986), S. 333–344; Gebhard Kirchgässner, Towards a Theory of Low-Cost Decisions, in: European Journal of Political Economy 8 (1992), S. 305–320.

[111] Frank I. Michelman, The Supreme Court 1985 Term. Foreword: Traces of Self-Government, in: Harvard Law Review 100 (1986), S. 4–77, hier S. 40: „Corruption is the subversion, within the political motivation of any participant, of the general good by particular interest." Vgl. dazu Thomas Maak/Peter Ulrich, Korruption – die Unterwanderung des Gemeinwohls durch Partikularinteressen. Eine republikanisch-ethische Perspektive, in: Mark Pieth/Peter Eigen (Hrsg.), Korruption im internationalen Geschäftsverkehr. Bestandsaufnahme, Bekämpfung, Prävention, Neuwied 1999, S. 103–119.

[112] Smith, Theorie der ethischen Gefühle, S. 167.

[113] Abrufbar unter http://www.unternehmenstest.de.

[114] Das Kürzel SA 8000 steht für *Social Accountability 8000*. Vergeben wird das Zertifikat von *Social Accountability International* mit Sitz in New York.

[115] Einen ebenso reichhaltigen wie systematischen Überblick über Labels und Zertifikate bietet Christoph Stückelberger, Ethischer Welthandel. Eine Übersicht, Bern/Stuttgart/Wien 2001, S. 81 ff. Vgl. auch Peter Ulrich/Bernhard Waxenberger (Hrsg.), Standards und Labels, Berichte des Instituts für Wirtschaftsethik, Nr. 94 und 95, St. Gallen 2002.

¹¹⁶ Quelle: elektronisch veröffentlicht unter http://www.maxhavelaar.ch.

¹¹⁷ Vgl. dazu die Vollerhebung solcher Fonds im deutschsprachigen Raum in der Studie von Peter Ulrich/Urs Jäger/Bernhard Waxenberger, Prinzipiengeleitetes Investment I: Kritische Analyse der gegenwärtigen Praxis bei ‚ethisch-ökologischen' Geldanlagen. Berichte des Instituts für Wirtschaftsethik, Nr. 83, St. Gallen 1998.

¹¹⁸ Der Begriff des ‚Organisationsbürgers' ist eine gelungene Übersetzung des englischen Begriffs des ‚Institution Citizen' durch Horst Steinmann/Albert Löhr, Grundlagen der Unternehmensethik, 2. Aufl., Stuttgart 1994, S. 60 und 162 ff., Bezug nehmend auf Richard P. Nielsen, Arendt's Action Philosophy and the Manager as Eichmann, Richard III, Faust, or Institution Citizen, in: California Management Review 26 (1984), S. 191–201, wiederabgedr. in H. Steinmann/ A. Löhr (Hrsg.), Unternehmensethik, 2. Aufl., Stuttgart 1991, S. 315–327.

¹¹⁹ Vgl. dazu das berühmte Buch von Hannah Arendt, Eichmann in Jerusalem. Ein Bericht von der Banalität des Bösen, München 1986 (New York 1963), auf das auch Nielsen, a.a.O., Bezug nimmt.

¹²⁰ Ein „kritisch-loyales Führungsverständnis" postulieren auch Horst Steinmann/Albert Löhr, Einleitung: Grundfragen und Problembestände einer Unternehmensethik, in: dies. (Hrsg.), Unternehmensethik, S. 3–32, hier S. 17.

¹²¹ Auf die erforderlichen Bausteine eines firmeninternen „Ethikprogramms" kommen wir im Einzelnen in Abschn. 5.5 noch zu sprechen.

¹²² Vgl. dazu Ronald Dworkin, Bürgerrechte ernstgenommen, Frankfurt 1984, S. 306 ff. und 337 ff.; Peter Glotz (Hrsg.), Ziviler Ungehorsam im Rechtsstaat, Frankfurt a. M. 1993.

[123] Zur juristischen Problematik vgl. Dieter Deiseroth, Whistleblowing – Zivilcourage am Arbeitsplatz, in: Blätter für deutsche und internationale Politik, Heft 2, 2000, S. 188–198.

[124] Vgl. schon Abschn. I.3, 2.2, 3.1 und 3.3.

[125] Vgl. Ulrich, Integrative Wirtschaftsethik, S. 305 ff. (zu den Grundlagen) und S. 313 ff. (zu den nachfolgenden vier Ansatzpunkten).

[126] So die renommierte Harvard-Philosophieprofessorin Seyla Benhabib, Ein deliberatives Modell demokratischer Legitimität, in: Deutsche Zeitschrift für Philosophie 43 (1995), S. 3–29, hier S. 11.

[127] Zur bereits über zehnjährigen Geschichte des Begriffs der Corporate Citizenship in den USA, wo er allerdings oft in sehr unspezifischer Weise verwendet wird, vgl. Maak, Die Wirtschaft der Bürgergesellschaft, S. 266 ff. – Wir entwickeln nachfolgend einen republikanisch-ethisch gehaltvollen Corporate-Citizenship-Begriff schrittweise; seine volle Bedeutung wird daher erst am Ende von Abschn. 5.4 bestimmt sein.

[128] Aristoteles, Politik, übers. u. hrsg. v. Olof Gigon, 4. Aufl., München 1981, Erstes Buch, S. 56 (1255 b 35–37).

[129] Die Tendenz zur instrumentalistischen Verkürzung des Anspruchsgruppen- oder Stakeholder-Konzepts kennzeichnet bedauerlicherweise auch das bekannteste Buch zum Thema, was schon aus seinem Titel hervorgeht: R. Edward Freeman, Strategic Management. A Stakeholder Approach, Boston 1984. Zur Kritik sowie für ein unternehmensethisch gehaltvolles Stakeholder-Konzept vgl. Peter Ulrich, Was ist „gute" Unternehmensführung? Reflexionen zu den normativen Grundlagen ethisch bewussten Managements, in: Peter Gomez/Günter Müller-Stewens/Johannes Rüegg-Stürm (Hrsg.), Entwicklungsperspektiven einer integrierten Managementlehre, Bern/Stuttgart/Wien 1999, S. 225–253, sowie Ulrich, Integrative Wirtschaftsethik, S. 438 ff.

130 Zur Rolle des Bürgersinns im Leitbild der Bürgergesellschaft vgl. oben, Abschn. 3.3.

131 Vgl. dazu Alfred Rappaport, Shareholder Value. Wertsteigerung als Maßstab für die Unternehmensführung, Stuttgart 1995, 2. Aufl. 1998 (New York 1986).

132 Zum Konzept der „unsichtbaren Hand" sei erinnert an die kultur- und religionsgeschichtlichen Hintergründe, wie sie in Abschn. 2.2 dargestellt worden sind.

133 Zum Bild des ‚magischen Trichters' vgl. Ulrich, Transformation der ökonomischen Vernunft, S. 195 ff.

134 Die in betriebswirtschaftlichen Lehrbüchern noch immer gängige Bezeichnung des Gewinnziels als „Formalziel" hat keinen anderen Sinn, als ihm den Charakter eines ethisch entproblematisierten Kriteriums „rationaler" Unternehmensführung zuzusprechen. Sie geht zurück auf Erich Kosiol, Die Unternehmung als wirtschaftliches Aktionszentrum. Einführung in die Betriebswirtschaftslehre, Reinbek 1972, S. 226 f. Zu den problematischen Folgen dieser Formalzielfiktion, wie sie sich z. T. auch noch in der Unternehmensethik niederschlagen, vgl. Ulrich, Integrative Wirtschaftsethik, S. 407 ff.

135 Milton Friedmans millionenfach gedruckter Text „The social responsibility of business is to increase its profits" ist zuerst erschienen in: The New York Times Magazine, 13. September 1970, S. 32−33 und 122−126. An anderer Stelle präzisiert er immerhin: „... so long as it stays within the rules of the game, which is to say, engages in open and free competition without deception or fraud." M. Friedman, Capitalism and Freedom, Chicago 1962, S. 133.

136 Gerd Habermann, Teilen oder produzieren? Bemerkungen zum Ethos des Unternehmers, in: Neue Zürcher Zeitung (NZZ), Nr. 211 v.

11./12. September 1993, S. 31f. Vgl. dazu auch die Kritik dazu von Peter Ulrich, Zwei Ebenen unternehmerischer Verantwortung. Eine Replik auf Gerd Habermanns produktivistischen Imperativ, in: NZZ, Nr. 232 v. 6. Oktober 1993, S. 39, sowie die Duplik von G. Habermann, Kein Bedarf nach einer „neuen" Unternehmerethik, in: NZZ, Nr. 249 v. 26. Oktober 1993, S. 35.

[137] Homann/Blome-Drees, Wirtschafts- und Unternehmensethik, S. 38f.; fast gleich lautend nochmals S. 51.

[138] Vgl. Gunnar Myrdal, Das politische Element in der nationalökonomischen Doktrinbildung, 2. Aufl., Bonn-Bad Godesberg 1976, S. 48, 113, 135ff. (1. dt. Aufl. Berlin 1932). Vgl. auch oben, Abschn. I.4, 2.2 und 3.2.

[139] Zum ideellen Rollentausch als dem maßgeblichen Gedankenexperiment, in dem die Austauschbarkeit der Perspektiven und damit die Unparteilichkeit geprüft werden kann, vgl. oben, Abschn. 4.2.

[140] Dieter Schneider, Unternehmensethik und Gewinnprinzip in der Betriebswirtschaftslehre, in: Schmalenbachs Zeitschrift für betriebswirtschaftliche Forschung (ZfbF) 42 (1990), S. 869–891, hier S. 870. Vgl. dazu die Replik von Peter Ulrich, Schwierigkeiten mit der unternehmensethischen Herausforderung, in ZfbF 43 (1991), S. 529–536. Zur systematischen Charakterisierung und Kritik der nachfolgend skizzierten Konzepte von Unternehmensethik vgl. ders., Integrative Wirtschaftsethik, S. 416ff.

[141] Klaus M. Leisinger, Nicht alles Legale ist auch legitim, in: Übersee-Rundschau, 41 (1989), Nr. 162, S. 42–45, hier S. 45 (Hvh. P.U.). Vgl. auch ders., Unternehmensethik. Globale Verantwortung und modernes Management, München 1997, S. 175ff.: „Moral bringt Kapital".

Anmerkungen

142 Vgl. Peter Ulrich/Ulrich Thielemann, Wie denken Manager über Markt und Moral? Empirische Untersuchungen unternehmerischer Denkmuster im Vergleich, in: Josef Wieland (Hrsg.), Wirtschaftsethik und Theorie der Gesellschaft, Frankfurt a.M. 1993, S. 54–91, spez. S. 77ff.; dies., Ethik und Erfolg. Unternehmensethische Denkmuster von Führungskräften – eine empirische Studie, Bern/Stuttgart/Wien 1992.

143 Vgl. auch oben Abschn. 3.2, speziell Abb. 8. Für Genaueres zum kategorischen Imperativ vgl. Ulrich, Integrative Wirtschaftsethik, S. 67ff. – Am kategorischen Geltungsanspruch des Moralprinzips kommt keine auch noch so reflektierte Verteidigung des unternehmensethischen Instrumentalismus vorbei; als (diesbezüglich unklar bleibenden) Versuch einer solchen Verteidigung vgl. Josef Wieland, Die Ethik der Governance, Marburg 1999, S. 78ff.

144 „Subpolitisch" meint: politisch relevant, aber unterhalb der Ebene der staatlichen Politik. Vgl. dazu Ulrich Beck, Die Erfindung des Politischen. Zu einer Theorie reflexiver Modernisierung, Frankfurt a.M. 1993, S. 149ff.

145 Vgl. P. Ulrich, Integritätsmanagement und „verdiente" Reputation, in: io management, 70. Jg. (2001), Nr. 1/2, S. 42–47; weiterführend Bernhard Waxenberger, Integritätsmanagement. Ein Gestaltungsmodell prinzipiengeleiteter Unternehmensführung, Bern/Stuttgart/Wien 2001.

146 Karl Marx/Friedrich Engels, Das Manifest der kommunistischen Partei (1848), in: Marx-Engels-Werke Bd. 4, Berlin 1972, S. 461–474, hier S. 465f.

147 Ulrich Thielemann, Das Prinzip Markt. Kritik der ökonomischen Tauschlogik, Bern/Stuttgart/Wien 1996, S. 302.

¹⁴⁸ Häufig, aber nicht einheitlich wird der Begriff ‚Finanzmärkte' als Oberbegriff für den Aktienmarkt, den Kapitalmarkt (Anleihen) und den Geldmarkt verwendet. Der Einfachheit halber werden die beiden Begriffe ‚Finanz-' bzw. ‚Kapitalmarkt' hier unterschiedslos verwendet.

¹⁴⁹ Zum Begriff des Shareholder Value vgl. oben, Abschn. 5.2.

¹⁵⁰ Vgl. Thomas Maak, Globalisierung und die Suche nach den Grundlagen einer lebensdienlichen Weltökonomie, in: ders./York Lunau (Hrsg.), Weltwirtschaftsethik. Globalisierung auf dem Prüfstand der Lebensdienlichkeit, 2. Aufl., Bern/Stuttgart/Wien 2000, S. 19–44, hier S. 25. Zur Parteilichkeit der Logik des Marktes vgl. oben, Abschn. I.4.

¹⁵¹ Die Originalquelle dieses der Presse entnommenen Zitats ist nicht bekannt.

¹⁵² Vgl. Ralf Dahrendorf, Lebenschancen, Frankfurt a. M. 1979, S. 147 ff.

¹⁵³ Gemäß dem Nestlé-Geschäftsbericht betrug im Jahr 2000 der weltweite Umsatz 81,4 Milliarden Sfr., wovon nur gut 0,9 Milliarden Sfr., also wenig mehr als 1 %, auf den „Heimmarkt" Schweiz entfallen.

¹⁵⁴ Vgl. Claus Koch, Die Gier des Marktes. Die Ohnmacht des Staates im Kampf der Weltwirtschaft, München/Wien 1995, S. 90.

¹⁵⁵ Vgl. Dani Rodrik, Grenzen der Globalisierung. Ökonomische Integration und soziale Desintegration, Frankfurt a. M. 2000.

¹⁵⁶ Zit. nach Peter Niggli, Wenn Globalisierung zum Schimpfwort wird, in: Tages-Anzeiger (Zürich) vom 15. Januar 2001, S. 2.

¹⁵⁷ Vgl. oben, Abschn. 2.2. – Zur nachfolgenden begrifflichen Unterscheidung von Alt-, Neo- und Ordoliberalismus vgl. im Einzelnen Ulrich, Integrative Wirtschaftsethik, S. 337 ff.

¹⁵⁸ Friedrich August von Hayek, Der Wettbewerb als Entdeckungsverfahren, in: ders., Freiburger Studien, Tübingen 1969, S. 249–265.

¹⁵⁹ Weizsäcker, Logik der Globalisierung, S. 69 f.

¹⁶⁰ F. A. von Hayek, Die Irrtümer des Konstruktivismus und die Grundlagen legitimer Kritik gesellschaftlicher Gebilde, Tübingen 1975.

¹⁶¹ F. A. von Hayek, Die Anmaßung von Wissen, in: Ordo 26 (1975), S. 12–21, wiederabgedr. in: ders., Die Anmaßung von Wissen. Neue Freiburger Studien, hrsg. v. W. Kerber, Tübingen 1996, S. 3–15.

¹⁶² Vgl. z. B. Gerhard Schwarz, Die Mär vom „Neoliberalismus", in: Neue Zürcher Zeitung vom 11./12. April 1998, S. 21. Allerdings missachtet der Autor seinerseits die systematische Unterscheidung zwischen Neo- und Ordoliberalismus, wie sie nachfolgend entfaltet wird.

¹⁶³ Vgl. die Ausführungen zu Frédéric Bastiats „Harmonies économiques" in Abschn. 2.2.

¹⁶⁴ So Leonhard Miksch, Wettbewerb als Aufgabe. Grundsätze einer Wettbewerbsordnung, 2. Aufl., Godesberg 1947, S. 12.

¹⁶⁵ So beispielsweise Heinz Hauser/Kai-Uwe Schanz, Das neue GATT. Die Welthandelsordnung nach Abschluss der Uruguay-Runde, 2. Aufl., München/Wien 1995, S. 277: „Die Harmonisierung von Wettbewerbsregeln führt zu einer Abschwächung des internationalen regulatorischen Wettbewerbs. Auf diese Weise wird die Lösung der nach wie vor offenen Frage nach der optimalen Wettbewerbspolitik [sic!] beträchtlich erschwert."

¹⁶⁶ Vgl. dazu Alexander Rüstow, Wirtschaft als Dienerin der Menschlichkeit, in: Aktionsgemeinschaft Soziale Marktwirtschaft (Hrsg.), Was wichtiger ist als Wirtschaft, Ludwigsburg 1960, S. 7–16, spez. S. 7.

167 Wilhelm Röpke, Jenseits von Angebot und Nachfrage, Erlenbach-Zürich/Stuttgart 1958, S. 19.

168 Wilhelm Röpke, Civitas humana. Grundfragen der Gesellschafts- und Wirtschaftsreform, Erlenbach-Zürich 1944, S. 51 (Hvh. i. Orig.). Röpke (ebd., S. 46) bezeichnet den Ordoliberalismus daher auch als „Wirtschaftshumanismus".

169 Alexander Rüstow, Wirtschaftsethische Probleme der sozialen Marktwirtschaft, in: P. M. Boarman (Hrsg.), Der Christ und die soziale Marktwirtschaft, Stuttgart/Köln 1955, S. 53–74, hier S. 74.

170 Röpke, Civitas humana, S. 85: „Die Marktwirtschaft selbst ist aber nur zu halten bei einer widergelagerten Gesellschaftspolitik."

171 Alexander Rüstow, Paläoliberalismus, Kommunismus und Neoliberalismus, in: F. Greiß/F. W. Meyer (Hrsg.), Wirtschaft, Gesellschaft und Kultur. Festgabe für Alfred Müller-Armack, Berlin 1961, S. 61–70, hier S. 68.

172 Vgl. oben, Abschn. 2.2, sowie Abb. 7 in Kap. 3.

173 Für eine eingehendere Erläuterung vgl. Ulrich, Integrative Wirtschaftsethik, S. 367 ff.

174 Der Ausdruck „subjektive Rechte" ist eine juristische Redeweise. Gemeint sind die (durchaus objektiv zu definierenden) Rechte der Subjekte, d. h. der Personen, nicht etwa bloß subjektiv beanspruchte Rechte.

175 Vgl. oben, Abschn. 4.1.

176 Dieses ökonomische Argument der Kontraproduktivität insbesondere von Sozialstandards gilt allerdings keineswegs generell, sondern erst, wenn diese Standards höher sind, als es dem „Machtgleichgewicht" zwi-

schen Arbeitgebern und Arbeitnehmern im Sinne des wechselseitigen Vorteilstausches entspricht. Dies zeigt sehr schön Ulrich Thielemann, Globale Konkurrenz, Sozialstandards und der (Sach-)Zwang zum Unternehmertum, in: Maak/Lunau (Hrsg.), Weltwirtschaftsethik, S. 203–244, spez. S. 209 ff.

[177] Hans-Peter Martin/Harald Schumann, Die Globalisierungsfalle. Der Angriff auf Demokratie und Wohlstand, Reinbek 1996.

[178] Nicht zufällig forderten die Autoren des Weißbuchs ‚Mut zum Aufbruch' wiederholt und ausdrücklich einen „tiefgreifenden Mentalitätswandel" in Richtung einer wettbewerbsorientierten Grundhaltung aller Bürger. Vgl. oben, Abschn. 2.3.

[179] Jürgen Habermas, Die postnationale Konstellation und die Zukunft der Demokratie, in: ders., Die postnationale Konstellation. Politische Essays, Frankfurt a. M. 1998, S. 91–169, hier S. 95.

[180] Vgl. James N. Rosenau/Ernst-Otto Czempiel (Hrsg.), Governance without Government. Order and Change in World Politics, Cambridge/New York 1992.

[181] Einen solchen in Form einer „subsidiären und föderalen Weltrepublik" für notwendig hält dagegen Otfried Höffe, Demokratie im Zeitalter der Globalisierung, München 1999, S. 227 ff.

[182] Vgl. oben, Abschn. 3.3 und 3.4. Zu den nötigen „Weltbürgertugenden" als „personaler Entsprechung" einer Weltordnung vgl. auch Höffe, Demokratie im Zeitalter der Globalisierung, S. 335 ff.

[183] Vgl. Immanuel Kant, Ideen zu einer allgemeinen Geschichte in weltbürgerlicher Absicht (1784), in: Werkausgabe Bd. XI, 6. Aufl., Frankfurt a. M. 1982, S. 31–50. Kant hat hier u. a. das Postulat des „Völkerbundes" entworfen (7. Satz); er spricht vom Ziel eines „allgemeinen

weltbürgerlichen Zustands" (Ende 8. Satz). Vgl. auch Kant, Zum ewigen Frieden. Ein philosophischer Entwurf (1795), in: Werkausgabe Bd. XI, 6. Aufl., Frankfurt a. M. 1982, S. 193–251.

[184] Das hier postulierte *politische* Weltbürgerethos ist trotz gleichgerichteter völkerverbindender Intention nicht deckungsgleich mit dem *interreligiösen* Weltethos-Projekt von Hans Küng, Projekt Weltethos, München/Zürich 1990; vgl. dazu Peter Ulrich, Weltethos und Weltwirtschaft – eine wirtschaftsethische Perspektive, in: Hans Küng/Karl-Josef Kuschel (Hrsg.), Wissenschaft und Weltethos, München/Zürich 1998, S. 40–60.

[185] Vgl. zu diesem Vorschlag auch Horst Afheldt, Wohlstand für niemand? Die Marktwirtschaft entlässt ihre Kinder, München 1994, S. 211f.

[186] Vgl. dazu Jürgen Habermas, Euroskepsis, Markteuropa oder Europa der (Welt-)Bürger?, in: P. Ulrich/Th. Maak (Hrsg.), Die Wirtschaft *in* der Gesellschaft. Perspektiven an der Schwelle zum 3. Jahrtausend, Bern/Stuttgart/Wien 2000, S. 151–171.

[187] Einen solchen bereits beobachten zu können glaubt der renommierte Politikwissenschaftler Dieter Senghaas, Politische Rahmenbedingungen für Weltethos, in: Küng/Kuschel (Hrsg.), Wissenschaft und Weltethos, S. 141–160, hier S. 159.

Literatur

Afheldt, H.: Wohlstand für niemand? Die Marktwirtschaft entlässt ihre Kinder, München 1994.

Afheldt, H.: Weltweiter Wohlstand für alle? Für niemand? Oder für wenige?, in: Ulrich, P./Maak, T. (Hrsg.), Die Wirtschaft *in* der Gesellschaft. Perspektiven an der Schwelle zum 3. Jahrtausend, Bern/Stuttgart/Wien 2000, S. 35–85.

Arendt, H.: Eichmann in Jerusalem. Ein Bericht von der Banalität des Bösen, München 1986.

Aristoteles: Politik, übers. u. hrsg. v. Olof Gigon, 4. Aufl., München 1981.

Bastiat, F.: Harmonies économiques, Œuvres complètes, Band VI, 3. Aufl., Paris 1855.

Beck, U.: Die Erfindung des Politischen. Zu einer Theorie reflexiver Modernisierung, Frankfurt a. M. 1993.

Benhabib, S.: Ein deliberatives Modell demokratischer Legitimität, in: Deutsche Zeitschrift für Philosophie 43 (1995), S. 3–29.

Blasche, S.: Gerechtigkeit, Mindestsicherung und Eigenverantwortung, in: Blasche, S./Döring, D. (Hrsg.), Sozialpolitik und Gerechtigkeit, Frankfurt/New York 1998, S. 117–171.

Braig, A./Renz, U.: Die Kunst, weniger zu arbeiten, 3. Aufl., München 2001.

Brunner, E.: Das Gebot und die Ordnungen. Entwurf einer protestantisch-theologischen Ethik (1932), 4. Aufl., Zürich 1978.

Büscher, M.: Gott und Markt – religionsgeschichtliche Wurzeln Adam Smiths und die ‚Invisible Hand' in der säkularisierten Industriegesellschaft, in: Meyer-Faje, A./Ulrich, P. (Hrsg.), Der andere Adam Smith, Bern/Stuttgart 1991, S. 123–144.

Dahrendorf, R.: Lebenschancen, Frankfurt a. M. 1979.

Dahrendorf, R.: Moralität, Institutionen und die Bürgergesellschaft, in: Merkur, Nr. 7 (1992), S. 557–568.

Dahrendorf, R.: Über den Bürgerstatus, in: Van den Brink, B./Van Reijen, W. (Hrsg.), Bürgergesellschaft, Recht und Demokratie, Frankfurt a. M. 1995, S. 29–43.

Deiseroth, D.: Whistleblowing – Zivilcourage am Arbeitsplatz, in: Blätter für deutsche und internationale Politik, Heft 2, 2000, S. 188–198.

Dubs, R.: Volkswirtschaftslehre. Eine Wirtschaftsbürgerkunde für höhere Schulen, Erwachsenenbildung und zum Selbststudium, 7. Aufl., Bern/Stuttgart/Wien 1998.

Dworkin, R. L.: Bürgerrechte ernstgenommen, Frankfurt a. M. 1984.

Engels, F.: Anteil der Arbeit an der Menschwerdung des Affen (1876), 22. Aufl., Berlin 1988.

Erhard, L.: Wohlstand für alle, Düsseldorf 1957.

Freeman, M.: Capitalism and Freedom, Chicago 1962.

Freeman, R. E.: Strategic Management. A Stakeholder Approach, Boston 1984.

Friedman, M.: The social responsibility of business is to increase its profits, in: The New York Times Magazine, 13. September 1970, S. 32–33 und 122–126.

Geißler, K. A.: Zeit – verweile doch ... Lebensformen gegen die Hast, 2. Aufl., Freiburg i. Br. 2000.

Glotz, P. (Hrsg.): Ziviler Ungehorsam im Rechtsstaat, Frankfurt a. M. 1993.

Gorz, A.: Kritik der ökonomischen Vernunft. Sinnfragen am Ende der Arbeitsgesellschaft, Berlin 1989.

Gorz, A.: Arbeit zwischen Misere und Utopie, Frankfurt a.M. 2000.

Gray, J.: Die falsche Verheißung. Der globale Kapitalismus und seine Folgen, Berlin 1999.

Habermann, G.: Teilen oder produzieren? Bemerkungen zum Ethos des Unternehmers, in: Neue Zürcher Zeitung, Nr. 211 v. 11./12. September 1993, S. 31f.

Habermann, G.: Kein Bedarf nach einer „neuen" Unternehmerethik, in: Neue Zürcher Zeitung, Nr. 249 v. 26. Oktober 1993, S. 35.

Habermas, J.: Technik und Wissenschaft als ‚Ideologie', Frankfurt a.M. 1968.

Habermas, J.: Vorbereitende Bemerkungen zu einer Theorie der kommunikativen Kompetenz, in: Habermas, J./Luhmann, N., Theorie der Gesellschaft oder Sozialtechnologie. Was leistet die Systemforschung?, Frankfurt a.M. 1971, S. 101–141.

Habermas, J.: Die Moderne – ein unvollendetes Projekt, in: ders., Kleine politische Schriften I–IV, Frankfurt a.M. 1981, S. 444– 464.

Habermas, J.: Theorie des kommunikativen Handelns, 2 Bde., Frankfurt a.M. 1981.

Habermas, J.: Ist der Herzschlag der Revolution zum Stillstand gekommen? Volkssouveränität als Verfahren. Ein normativer Begriff der Öffentlichkeit?, in: Forum für Philosophie Bad Homburg (Hrsg.), Die Ideen von 1789 in der deutschen Rezeption, Frankfurt a.M. 1989, S. 7–36.

Habermas, J.: Faktizität und Geltung. Beiträge zur Diskurstheorie des Rechts und des demokratischen Rechtsstaats, Frankfurt a.M. 1992.

Habermas, J.: Die postnationale Konstellation und die Zukunft der Demokratie, in: ders., Die postnationale Konstellation. Politische Essays, Frankfurt a.M. 1998, S. 91–169.

Habermas, J.: Konzeptionen der Moderne, in: ders., Die postnationale Konstellation, Frankfurt a.M. 1998, S. 195–231.

Habermas, J.: Euroskepsis, Markteuropa oder Europa der (Welt-) Bürger?, in: Ulrich, P./Maak, T. (Hrsg.), Die Wirtschaft *in* der Gesellschaft. Perspektiven an der Schwelle zum 3. Jahrtausend, Bern/Stuttgart/Wien 2000, S. 151–171.

Hauser, H./Schanz, K.-U.: Das neue GATT. Die Welthandelsordnung nach Abschluss der Uruguay-Runde, 2. Aufl., München/ Wien 1995.

Hayek, F. A. von: Der Wettbewerb als Entdeckungsverfahren, in: ders., Freiburger Studien, Tübingen 1969, S. 249–265.

Hayek, F. A. von: Die Irrtümer des Konstruktivismus und die Grundlagen legitimer Kritik gesellschaftlicher Gebilde, Tübingen 1975.

Hayek, F. A. von: Die Anmaßung von Wissen, in: Ordo 26 (1975), S. 12–21, wiederabgedr. in: ders., Die Anmaßung von Wissen. Neue Freiburger Studien, hrsg. v. W. Kerber, Tübingen 1996, S. 3–15.

Hobbes, T.: Leviathan (1651), hrsg. v. I. Fetscher, Frankfurt a. M. 1984.

Höffe, O.: Demokratie im Zeitalter der Globalisierung, München 1999.

Homann, K./Blome-Drees, F.: Wirtschafts- und Unternehmensethik, Göttingen 1992.

Horkheimer, M.: Zur Kritik der instrumentellen Vernunft (1947), Frankfurt a. M. 1967.

Huber, J.: Zwischen Supermarkt und Sozialstaat. Die neue Abhängigkeit des Bürgers, in: Illich, I., u. a., Entmündigung durch Experten, Hamburg 1979, S. 129–155.

Joerges, B.: Berufsarbeit, Konsumarbeit, Freizeit. Zur Sozial- und Umweltverträglichkeit einiger struktureller Veränderungen in Produktion und Konsum, in: Soziale Welt 32 (1981), S. 168– 195.

Kant, I.: Beantwortung der Frage: Was ist Aufklärung? (1784), in: Werkausgabe Bd. XI, hrsg. v. W. Weischedel, 6. Aufl., Frankfurt a. M. 1982, S. 53–61.

Kant, I.: Ideen zu einer allgemeinen Geschichte in weltbürgerlicher Absicht (1784), in: Werkausgabe Bd. XI, hrsg. v. W. Weischedel, 6. Aufl., Frankfurt a. M. 1982, S. 31–50.

Kant, I.: Grundlegung zur Metaphysik der Sitten (1785/86), in: Werkausgabe Bd. VII, hrsg. v. W. Weischedel, 4. Aufl., Frankfurt a.M. 1978, S. 9–102.

Kant, I.: Was heißt: sich im Denken orientieren? (1786), in: Werkausgabe Bd. V, hrsg. v. W. Weischedel, 4. Aufl., Frankfurt a.M. 1982, S. 265–283.

Kant, I.: Über den Gemeinspruch: Das mag in der Theorie richtig sein, taugt aber nicht für die Praxis (1793), in: Werkausgabe Bd. XI, hrsg. v. W. Weischedel, 6. Aufl., Frankfurt a.M. 1982, S. 125–172.

Kant, I.: Zum ewigen Frieden. Ein philosophischer Entwurf (1795), in: Werkausgabe Bd. XI, hrsg. v. W. Weischedel, 6. Aufl., Frankfurt a.M. 1982, S. 193–251.

Katterle, S.: Alternativen zur neoliberalen Wende. Wirtschaftspolitik in der sozialstaatlichen Demokratie, Bochum 1989.

Keynes, J.M.: Economic Possibilities for Our Grandchildren (1930), in: ders., The Collected Writings, Bd. IX: Essays in Persuasion, London 1972, S. 321–332.

Kirchgässner, G.: Towards a Theory of Low-Cost Decisions, in: European Journal of Political Economy 8 (1992), S. 305–320.

Kley, R.: Gleichheit, in: Lexikon der Wirtschaftsethik, hrsg. v. G. Enderle, K. Homann, M. Honecker, W. Kerber und H. Steinmann, Freiburg i.Br./Basel/Wien 1993, Sp. 386–393.

Kliemt, H.: The Veil of Insignificance, in: European Journal of Political Economy 2/3 (1986), S. 333–344.

Koch, C.: Die Gier des Marktes. Die Ohnmacht des Staates im Kampf der Weltwirtschaft, München/Wien 1995.

Kosiol, E.: Die Unternehmung als wirtschaftliches Aktionszentrum. Einführung in die Betriebswirtschaftslehre, Reinbek 1972.

Küng, H.: Projekt Weltethos, München/Zürich 1990.

Leisinger, K. M.: Nicht alles Legale ist auch legitim, in: Übersee-Rundschau 41 (1989), Nr. 162, S. 42–45.

Leisinger, K.M.: Unternehmensethik. Globale Verantwortung und modernes Management, München 1997.

Maak, T.: Die Wirtschaft der Bürgergesellschaft, Bern/Stuttgart/Wien 1999.

Maak, T.: Globalisierung und die Suche nach den Grundlagen einer lebensdienlichen Weltökonomie, in: Maak, T./Lunau, Y. (Hrsg.), Weltwirtschaftsethik. Globalisierung auf dem Prüfstand der Lebensdienlichkeit, 2. Aufl., Bern/Stuttgart/Wien 2000, S. 19–44.

Maak, T./Ulrich, P.: Korruption – die Unterwanderung des Gemeinwohls durch Partikularinteressen. Eine republikanisch-ethische Perspektive, in: Pieth, M./Eigen, P. (Hrsg.), Korruption im internationalen Geschäftsverkehr. Bestandsaufnahme, Bekämpfung, Prävention, Neuwied 1999, S. 103–119.

Macpherson, C. B.: Die politische Theorie des Besitzindividualismus. Von Hobbes bis Locke, 2. Aufl., Frankfurt a. M. 1980.

Margalit, A.: Politik der Würde. Über Achtung und Verachtung, Berlin 1997.

Marshall, T. H.: Bürgerrechte und soziale Klassen (1950), Frankfurt/New York 1992.

Martin, H.-P./Schumann, H.: Die Globalisierungsfalle, Reinbek 1996.

Marx, K./Engels, F.: Das Manifest der kommunistischen Partei (1848), in: Marx-Engels-Werke Bd. 4, 6. Aufl., Berlin 1972, S. 461–474.

Marx, K./Engels, F.: Die deutsche Ideologie (1846), Marx-Engels-Werke Bd. 3, 4. Aufl., Berlin 1969.

Michelman, F. I.: The Supreme Court 1985 Term. Foreword: Traces of Self-Government, in: Harvard Law Review 100 (1986), S. 4–77.

Miksch, L.: Wettbewerb als Aufgabe. Grundsätze einer Wettbewerbsordnung, 2. Aufl., Godesberg 1947.

Myrdal, G.: Das politische Element in der nationalökonomischen Doktrinbildung (1932), 2. Aufl., Bonn-Bad Godesberg 1976.

Nadolny, S.: Die Entdeckung der Langsamkeit, München 1990.

Nielsen, R.P.: Arendt's Action Philosophy and the Manager as Eichmann, Richard III, Faust, or Institution Citizen, in: California Management Review 26 (1984), S. 191–201, wiederabgedr. in: Steinmann, H./Löhr, A. (Hrsg.), Unternehmensethik, 2. Aufl., Stuttgart 1991, S. 315–327.

Niggli, P.: Wenn Globalisierung zum Schimpfwort wird, in: Tages-Anzeiger, 15. Januar 2001, S. 2.

Parijs, Ph. van: Real Freedom for All. What (if anything) can justify capitalism?, Oxford 1995.

Polanyi, K.: The Great Transformation. Politische und ökonomische Ursprünge von Gesellschaften und Wirtschaftssystemen (1944), Frankfurt a.M. 1978.

Popper, K.: Die offene Gesellschaft und ihre Feinde, 2 Bde., München 1956.

Pury, D. de: „David de Pury und wie er auf die Welt sieht", Interview im Zürcher Tages-Anzeiger, 2. Februar 1996, S. 7.

Pury, D. de/Hauser, H./Schmid, B. (Hrsg.): Mut zum Aufbruch. Eine wirtschaftspolitische Agenda für die Schweiz, Zürich 1995.

Rappaport, A.: Shareholder Value. Wertsteigerung als Maßstab für die Unternehmensführung, Stuttgart 1995, 2. Aufl. 1998.

Rawls, J.: Die Idee des politischen Liberalismus, Frankfurt a.M. 1992.

Rawls, J.: Politischer Liberalismus, Frankfurt a.M. 1993.

Rich, A.: Wirtschaftsethik, Bd. II: Marktwirtschaft, Planwirtschaft, Weltwirtschaft aus sozialethischer Sicht, Gütersloh 1990.

Rodrik, D.: Grenzen der Globalisierung. Ökonomische Integration und soziale Desintegration, Frankfurt a.M. 2000.

Röpke, W.: Civitas humana. Grundfragen der Gesellschafts- und Wirtschaftsreform, Erlenbach-Zürich 1944.

Röpke, W.: Maß und Mitte, Erlenbach-Zürich 1950.

Röpke, W.: Jenseits von Angebot und Nachfrage, Erlenbach-Zürich/Stuttgart 1958.

Rosenau, J. N./Czempiel, E. O. (Hrsg.): Governance without Government. Order and Change in World Politics, Cambridge/New York 1992.

Rüstow, A.: Wirtschaftsethische Probleme der sozialen Marktwirtschaft, in: Boarman, P. M. (Hrsg.), Der Christ und die soziale Marktwirtschaft, Stuttgart/Köln 1955, S. 53–74.

Rüstow, A.: Wirtschaft als Dienerin der Menschlichkeit, in: Aktionsgemeinschaft Soziale Marktwirtschaft (Hrsg.), Was wichtiger ist als Wirtschaft, Ludwigsburg 1960, S. 7–16.

Rüstow, A.: Paläoliberalismus, Kommunismus und Neoliberalismus, in: Greiß, F./Meyer, F. W. (Hrsg.), Wirtschaft, Gesellschaft und Kultur. Festgabe für Alfred Müller-Armack, Berlin 1961, S. 61–70.

Rüstow, A.: Das Versagen des Wirtschaftsliberalismus, 3. überarb. Aufl., hrsg. v. F. P. u. G. Maier-Rigaud, Marburg 2001.

Sandel, M.: Liberalism and the Limits of Justice, Cambridge 1982.

Sandel, M.: Die verfahrensrechtliche Republik und das ungebundene Selbst, in: Honneth, A. (Hrsg.), Kommunitarismus. Eine Debatte über die moralischen Grundlagen moderner Gesellschaften, Frankfurt/New York 1993, S. 18–35.

Scherhorn, G.: Güterwohlstand vs. Zeitwohlstand, in: Biervert, B./Held, M. (Hrsg.), Zeit in der Ökonomik, Frankfurt a. M. 1995, S. 147–168.

Schmidheiny, S.: Kurswechsel. Globale unternehmerische Perspektiven für Entwicklung und Umwelt, München 1992.

Schneider, D.: Unternehmensethik und Gewinnprinzip in der Betriebswirtschaftslehre, in: Schmalenbachs Zeitschrift für betriebswirtschaftliche Forschung 42 (1990), S. 869–891.

Schumpeter, J.: Kapitalismus, Sozialismus und Demokratie (1950), 4. Aufl., München 1975.

Schwarz, G.: Die Mär vom „Neoliberalismus", in: Neue Zürcher Zeitung, 11./12. April 1998, S. 21.

Sen, A.: Ökonomie für den Menschen. Wege zu Gerechtigkeit und Solidarität in der Marktwirtschaft, München/Wien 2000.

Senghaas, D.: Politische Rahmenbedingungen für Weltethos, in: Küng, H./Kuschel, K.-J. (Hrsg.), Wissenschaft und Weltethos, München/Zürich 1998, S. 141–160.

Smith, A.: Theorie der ethischen Gefühle (1759), hrsg. v. W. Eckstein, Hamburg 1985.

Smith, A.: Der Wohlstand der Nationen (1776), hrsg. v. H. C. Recktenwald, München 1978.

Steinmann, H./Löhr, A.: Einleitung: Grundfragen und Problembestände einer Unternehmensethik, in: dies. (Hrsg.), Unternehmensethik, 2. Aufl., Stuttgart 1991, S. 3–32.

Steinmann, H./Löhr, A.: Grundlagen der Unternehmensethik, 2. Aufl., Stuttgart 1994.

Steinvorth, U.: Gleiche Freiheit. Politische Philosophie und Verteilungsgerechtigkeit, Berlin 1999.

Stückelberger, Ch.: Ethischer Welthandel. Eine Übersicht, Bern/Stuttgart/Wien 2001.

Thielemann, U.: Das Prinzip Markt. Kritik der ökonomischen Tauschlogik, Bern/Stuttgart/Wien 1996.

Thielemann, U.: Globale Konkurrenz, Sozialstandards und der (Sach-)Zwang zum Unternehmertum, in: Maak, T./Lunau, Y. (Hrsg.), Weltwirtschaftsethik. Globalisierung auf dem Prüfstand der Lebensdienlichkeit, 2. Aufl., Bern/Stuttgart/Wien 2000, S. 203–244.

Tugendhat, E.: Vorlesungen über Ethik, Frankfurt a.M. 1993.

Ulrich, P.: Der kritische Adam Smith – im Spannungsfeld zwischen sittlichem Gefühl und ethischer Vernunft, in: Meyer-Faje, A./ Ulrich, P. (Hrsg.), Der andere Adam Smith. Beiträge zur Neubestimmung von Ökonomie als Politischer Ökonomie, Bern/Stuttgart/Wien 1991, S. 145–190.

Ulrich, P.: Schwierigkeiten mit der unternehmensethischen Herausforderung, in: Zeitschrift für betriebswirtschaftliche Forschung 43 (1991), S. 529–536.

Ulrich, P.: Transformation der ökonomischen Vernunft. Fortschrittsperspektiven der modernen Industriegesellschaft, 3. rev. Aufl., Bern/Stuttgart/Wien 1993.

Ulrich, P.: Zwei Ebenen unternehmerischer Verantwortung. Eine Replik auf Gerd Habermanns produktivistischen Imperativ, in: Neue Zürcher Zeitung, Nr. 232 v. 6. Oktober 1993, S. 39.

Ulrich, P.: Integrative Wirtschaftsethik als kritische Institutionenethik. Wider die normative Überhöhung der Sachzwänge des Wirtschaftssystems, in: Harpes, J.-P./Kuhlmann, W. (Hrsg.), Zur Relevanz der Diskursethik. Anwendungsprobleme der Diskursethik in Wirtschaft und Politik, Münster 1997, S. 220–270.

Ulrich, P.: Weltethos und Weltwirtschaft – eine wirtschaftsethische Perspektive, in: Küng, H./Kuschel, K.-J. (Hrsg.), Wissenschaft und Weltethos, München/Zürich 1998, S. 40–60.

Ulrich, P.: Grundrechte und Grundfähigkeiten. Gedanken zu einem Leitbild sozioökonomischer Entwicklung aus der Perspektive der integrativen Wirtschaftsethik, in: Peter, H.-B. (Hrsg.), Globalisierung, Ethik und Entwicklung, Bern/Stuttgart/Wien 1999, S. 55–76.

Ulrich, P.: Was ist „gute" Unternehmensführung? Reflexionen zu den normativen Grundlagen ethisch bewussten Managements, in: Gomez, P./ Müller-Stewens, G./Rüegg-Stürm, J. (Hrsg.), Entwicklungsperspektiven einer integrierten Managementlehre, Bern/Stuttgart/Wien 1999, S. 225–253.

Ulrich, P.: Arbeitspolitik für alle – eine Einführung aus wirtschaftsethischer Sicht, in: Ulrich, P./Maak, T./Dietschy, B. (Hrsg.), Arbeitspolitik für alle. Eine Debatte zur Zukunft der Arbeit, Bern/Stuttgart/Wien 2000, S. 9–25.

Ulrich, P.: Integrative Wirtschaftsethik. Grundlagen einer lebensdienlichen Ökonomie, 3. rev. Aufl., Bern/Stuttgart/Wien 2001.

Ulrich, P.: Integritätsmanagement und „verdiente" Reputation, in: io management (2001), Nr. 1/2, S. 42–47.

Ulrich, P.: Wirtschaftsbürgerkunde als Orientierung im politisch-ökonomischen Denken, in: sowi-onlinejournal.de/2001–2 (Internet-Zeitschrift).

Ulrich, P./Jäger, U./Waxenberger, B.: Prinzipiengeleitetes Investment, I: Kritische Analyse der gegenwärtigen Praxis bei ‚ethisch-ökologischen' Geldanlagen, Berichte des Instituts für Wirtschaftsethik, Nr. 83, St. Gallen 1998.

Ulrich, P./Thielemann, U.: Ethik und Erfolg. Unternehmensethische Denkmuster von Führungskräften – eine empirische Studie, Bern/Stuttgart/Wien 1992.

Ulrich, P./Thielemann, U.: Wie denken Manager über Markt und Moral? Empirische Untersuchungen unternehmerischer Denkmuster im Vergleich, in: Wieland, J. (Hrsg.), Wirtschaftsethik und Theorie der Gesellschaft, Frankfurt a. M. 1993, S. 54–91.

Ulrich, P./Waxenberger, P. (Hrsg.): Standards und Labels I: Grundlagen ethisch orientierter Produktauszeichnungen, Berichte des Instituts für Wirtschaftsethik, Nr. 94, St. Gallen 2002.

Ulrich, P./Waxenberger, P. (Hrsg.): Standards und Labels II: Einsatz und Wirkung in der Entwicklungspolitik, Berichte des Instituts für Wirtschaftsethik, Nr. 95, St. Gallen 2002.

Vobruba, G.: Ende der Vollbeschäftigungsgesellschaft, in: Zeitschrift für Sozialreform 44 (1998), S. 77–99.

Wagner, A./Weinkopf, C.: Zweiter Arbeitsmarkt, in: Die Neue Gesellschaft/Frankfurter Hefte 41 (1994), S. 606–611.

Walzer, M.: Sphären der Gerechtigkeit. Ein Plädoyer für Pluralität und Gerechtigkeit, Frankfurt/New York 1992.

Waxenberger, B.: Integritätsmanagement. Ein Gestaltungsmodell prinzipiengeleiteter Unternehmensführung, Bern/Stuttgart/Wien 2001.

Weber, M.: Wirtschaft und Gesellschaft, 5. Aufl., Tübingen 1972.

Weber, M.: Die Protestantische Ethik und der Geist des Kapitalismus (1904–05), in: ders., Gesammelte Aufsätze zur Religionssoziologie I, 9. Aufl., Tübingen 1988, S. 17–206.

Weber, M.: Die Wirtschaft der Weltreligionen (1915–19), in: ders., Gesammelte Aufsätze zur Religionssoziologie I, 9. Aufl., Tübingen 1988, S. 237–573.

Weisser, G.: Die Überwindung des Ökonomismus in der Wirtschaftswissenschaft (1954), in: ders., Beiträge zur Gesellschaftspolitik, Göttingen 1978, S. 573–601.

Weizsäcker, C. C. von: Logik der Globalisierung, Göttingen 1999.

Wieland, J.: Die Ethik der Governance, Marburg 1999.

Yunus, M.: Grameen – eine Bank für die Armen der Welt, Bergisch Gladbach 1998.